Geração de Valor

3

FLÁVIO AUGUSTO DA SILVA

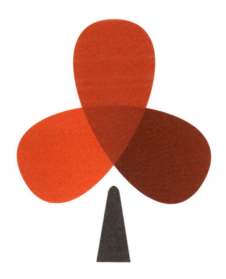

Geração de Valor **3**

É só o começo.

Copyright © 2016 por Instituto Geração de Valor -- IGV

Publisher: Anderson Cavalcante
Editora: Simone Paulino
Revisão: Marcelo Laier e Daniel Febba
Capa, projeto gráfico, diagramação e ilustrações
(exceto as listadas abaixo): Pater
Arte Final: Gautio

imagens de miolo: Shutterstock: p. 17 Maxim Gaigul, p. 19 Andrey_Kuzmin, p. 30 Naatali, p. 38 e 39 Prachaya Roekdeethaweesab, p. 57 Hein Nouwens, p. 69 Brazhnykov Andriy, p. 71, Flas100, p. 72 Ozerina Anna, p. 82 VERSUSstudio, p. 84 Max Krasnov, p. 85 wavebreakmedia, p. 86 Hayati Kayhan, p. 89 SSokolov, p. 90 PremiumVector, p. 93 JrCasas, p. 94 anna42f e Linett, p. 96 a 99 Linett, p 102 e 103 martan, p. 110 Creative Pixels, p. 114 Nneirda, p. 116 tommaso lizzul, p. 118, 199 e 200 Login, p. 121 Curly Pat, p. 123 Airibis, p. 125 a_bachelorette, p. 126 e 127 luxorphoto e Triff, p. 129 intueri, p. 132 Zhitkov Boris, p. 136 e 137 udra11, p. 138 mama_mia, p. 141 Yauheni Meshcharakou, p. 152 Zacarias Pereira da Mata, p. 154 sportpoint, p. 158 your, p. 163 Fabio Berti, p. 164 DmitriyRazinkov, p. 165,167, 188 e 196 openeyed, p. 170 Beskova Ekaterina, p. 171 Pichugin Dmitry e andamanec, p. 174 e 175 Antonio Guillem, p. 177 ostill, p. 180 Igor Stramyk p. 185 dencg e Alf Ribeiro, p. 195 Polina Gazhur, p. 199 venimo, p. 202 Jeff Lueders, p. 205 MJgraphics.

Impressão e acabamento: RR Donnelley

Dados Internacionais de Catalogação na Publicação (CIP)
(Câmara Brasileira do Livro, SP, Brasil)

S2578g Silva, Flávio Augusto da
Geração de valor 3 / Flávio Augusto da Silva.
São Paulo: Buzz Editora, 2016.

208 p.: il.; 16 x 23 cm.

Sequência de: Geração de valor 2
ISBN 978-85-93156-05-2

1. Empreendedores. 2. Empreendedorismo
3. Negócios. 4. Sucesso I. Título.
16-09151   CDD: 658.421
                            CDU: 005.411

Todos os direitos reservados à:
Buzz Editora Ltda.
Avenida Paulista, 726, Mezanino
Cep. 01310-100 São Paulo - SP

[55 11] 4301-6421
contato@buzzeditora.com.br
www.buzzeditora.com.br

Desta vez, vou dedicar este livro a uma equipe de trabalho com quem tenho tido um contato intenso neste ano, desde quando reassumi a gestão da Wise Up, em janeiro de 2016. Estou me referindo a um grupo de dez diretores regionais comerciais. São eles:

Mário Magalhães, Keila Apelfeld, Priscila Cruz, Marcus Vinícius Ribeiro, Édio Alberti, Alexandre Pires, Arthur Queiroz, Rodrigo de Sá, Davison Carvalho e Rosilene Dantas.

Cada linha aqui escrita, cuja finalidade é inspirar e encorajar leitores de todo o Brasil, carrega o DNA do modelo de gestão que implementamos juntos em nossa empresa e que foi responsável pela construção bem-sucedida de um negócio próspero e repleto de valores e propósito.

Grato pela confiança e comprometimento.

Apresentação

Em novembro de 2014, lançamos o livro Geração de Valor 1, minha primeira experiência editorial autoral. Esse livro materializou uma iniciativa que nasceu em 2011 nas redes sociais de nossos perfis no Facebook (facebook.com/geracaodevalor), YouTube (youtube.com/geracaodevalor), Twitter (@GeracaodeValor) e Instagram (@GeracaodeValor). Ao todo, são mais de cinco milhões de seguidores e cerca de 22 milhões de impactos semanais, o que representa uma audiência à altura dos maiores meios de comunicação do Brasil.

Do lançamento do GV1 pra cá, muita coisa aconteceu. Primeiro, o próprio GV1 foi o livro de negócios mais vendido de 2015 e o quinto mais vendido de 2016 (posição ocupada até o mês de novembro). Em novembro de 2015, o livro Geração de Valor 2 foi lançado, seguindo o mesmo conceito: com ilustrações provocativas e conteúdo leve e dinâmico. O GV2 foi o segundo livro de negócios mais vendido de 2016, também até o mês de novembro.

Ainda em 2015, depois do lançamento do GV1, O Orlando City, clube de futebol que comprei no ano anterior, estreou na Major League Soccer (MLS), principal liga de futebol profissional dos EUA e Canadá, no dia 6 de março, num jogo que contou com a presença de 62.520 torcedores que lotaram o Citrus Bowl, estádio que foi um dos palcos da Copa de 1994. Ainda, em 2015, o Orlando obteve a impressionante média de mais de 32 mil torcedores por jogo e repetiu a dose em 2016, conquistando a segunda maior média de público dos EUA, maior que todos os clubes brasileiros no mesmo período. No final de 2016, a revista Forbes listou os clubes de futebol mais valiosos da América, e o Orlando ficou à frente de grandes clubes, como o Cruzeiro, Flamengo, Internacional, Fluminense e muitos outros.

Fundei o meuSucesso.com, escola de empreendedorismo *on-line* que alcançou grande crescimento. Mais de 150 mil pessoas já assistiram às nossas aulas baseadas em estudos de caso de empreendedores de sucesso. No final de 2015, uma notícia ocupou os principais veículos de comunicação: eu recomprei a Wise Up, rede de escolas de inglês voltada para o público adulto, que eu havia vendido em 2013 para um grande grupo empresarial brasileiro, numa das maiores transações da história do setor de educação até aquele momento.

Desde que lançamos o GV1, meu nome passou a figurar na lista dos líderes brasileiros mais admirados, em pesquisa realizada pela Cia de Talentos com mais de 52 mil jovens de todo o Brasil. Nesse período, recebi vários prêmios, além de convites para participar de eventos e entrevistas em diversos meios de comunicação.

É com muita satisfação que apresento o último livro da série Geração de Valor neste formato, o Geração de Valor 3. Com este livro, fechamos a trilogia GV, que creio ter cumprido sua missão de inspirar e encorajar centenas de milhares de leitores que desejam ardentemente construir seus projetos.

Após o lançamento deste GV3, estarei focado em produzir uma nova série de livros com a finalidade de compartilhar de forma específica minhas experiências na criação e construção de valor de meus negócios.

Desde que criei o Geração de Valor, uma missão tomou conta de mim: incentivar o empreendedorismo.

As razões que me levaram a assumir esta missão foram:

1. O empreendedorismo mudou a minha vida e pode mudar a vida de quem se propuser tentar viver um estilo de vida diferente daquele que é diariamente apresentado nas escolas e universidades, cuja principal missão é formar mão de obra para o mercado de trabalho. O empreendedorismo pode transformar a vida de qualquer pessoa que se proponha a sair do fluxo comum imposto pela sociedade.

2. O empreendedorismo tem impacto social, pois o

maior empregador do Brasil não são as multinacionais e tampouco o governo. As micro e pequenas empresas são o maior polo gerador de empregos no país. Por meio da expansão da base de empreendedores Brasil afora, mais empregos são gerados, com a consequente promoção do crescimento de nosso país.

Não são poucas as vezes que sou abordado, quando estou no Brasil, por leitores ou seguidores das redes sociais, que insistem em me agradecer pelo conteúdo. Em muitos casos, contam histórias de sucesso que atribuem ao incentivo que receberam. Ainda assim, sinto-me profundamente recompensado, não apenas por ter ganhado mais projeção nos últimos anos, mas também porque, como mencionei anteriormente, todos os meus negócios prosperaram ainda mais. Coincidência? Não sei lhe responder, porém, na certeza de que ainda temos muito a aprender com as leis do universo, resta-me apenas recorrer à metafísica para explicar o fato de que quanto mais dou, mais eu recebo.

Esta iniciativa foi e continua sendo voluntária, sem fins lucrativos. Este livro encerra a trilogia GV, porém marca o início de uma nova caminhada na qual espero contar com a sua companhia para seguirmos juntos, pois só crescemos quando buscamos ser melhores a cada dia. Só assim podemos conquistar uma vida cheia de propósitos e realizações.

Boa leitura.

TEM GENTE QUE TEM MEDO *só de ler*

Ir à escola, simplesmente para acumular informações, como é costume no sistema de ensino vigente, é uma perda parcial de tempo. Nos dias atuais, temos acesso a uma quantidade infinita de informações com apenas um clique.

Quando colocamos em prática essas informações, temos a chance de transformá-las em conhecimento. E o conhecimento, por sua vez, quando exercitado com destreza por muito tempo, pode ser chamado de sabedoria.

A sabedoria tem uma característica interessante. Ela também pode ser transmitida por quem a detém, diminuindo o espaço entre o sonho e a realidade de seus "discípulos".

O que encontramos nas universidades, nos detentores de informação, nos conhecedores com autoridade prática sobre o assunto ou mesmo nos sábios?

Quanto vale saber apertar os botões certos?

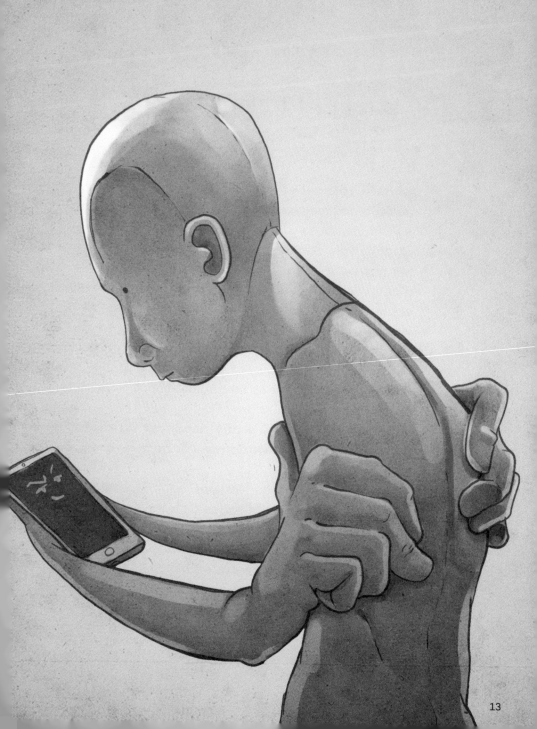

Quanto vale conseguir antever um evento sem ser surpreendido?

Quanto vale saber conquistar e mover as pessoas em direção aos melhores resultados?

Quanto vale conhecer as estatísticas do sucesso e saber que para cada X "nãos" você terá acesso a um "sim", o que vai lhe manter calmo diante do "não", passando a encará-lo de uma forma diferente da maioria?

Quanto vale estar seguro o suficiente para assumir o controle de seu barco por saber usar o motor de popa que todos têm mas não se dão conta?

Quanto vale ser livre e não depender da ração diária que o sistema tenta lhe convencer de que você precisa?

Por que alguns estão sempre capengando enquanto outros têm sucesso em todas as suas iniciativas? Será apenas sorte?

Quando eu refleti sobre cada uma dessas perguntas e obtive muitos resultados e experiências com as respostas, passei a formar executivos e empreendedores na empresa que eu fundei.

Eu gostaria que você conseguisse entender uma coisa que pode ajudá-lo a desenvolver esses conhecimentos: o sucesso é uma ciência exata que todos podem aprender. Não é uma questão de sorte, de sobrenome ou classe social, nem está relacionado à quantidade de diplomas que você tem pendurados na parede.

Deixe as informações para os *sites* de busca. **Procure conhecimento com quem tem autoridade.** Busque a sabedoria naqueles que tiveram experiências reais e alcançaram resultados. Não se deixe iludir por carisma ou bom papo. Isso pode lhe poupar alguns machucados e acelerar seu processo de crescimento.

Reflita com carinho sobre isso. Tenha coragem de questionar o mundo que lhe apresentaram...

30 MIL KM 40 DIAS POR ANO

Em conversa recente com um repórter de um importante jornal brasileiro, ele me perguntou qual imagem eu carrego em minha memória sobre minha adolescência.

A entrevista foi muito bem conduzida por ele, a propósito, um jornalista muito qualificado. De certa forma, ele me levou a refletir sobre isso e cheguei a uma conclusão interessante.

Eu poderia ter em mente que sempre fui muito querido pelos meus pais e parentes. Poderia me lembrar de bons amigos ou até da minha passagem pelo Colégio Naval, de onde até hoje guardo boas recordações. Mas o que descobri que carrego na memória sobre esse tempo são as viagens que fazia todos os dias nos transportes públicos do Rio de Janeiro.

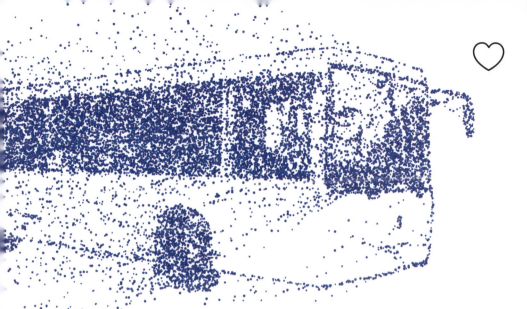

Eram momentos de grande sofrimento, pois eu gastava quatro horas por dia entre ir e vir da escola e, depois, do trabalho. No total, foram mais de cinco anos em que percorri pelo menos trinta mil quilômetros. Usando a calculadora, essas quatro horas diárias também podem ser traduzidas em quase mil horas por ano, ou seja, cerca de quarenta dias por ano dentro de um transporte coletivo lotado, presenciando muitos assaltos e as mais mirabolantes situações com as quais um morador da periferia aprende a conviver com naturalidade.

Como saía de casa antes das seis da manhã, ainda escuro, tinha o hábito, dentro do ônibus, de pé e apertado no meio de dezenas de pessoas, de ficar observando a fotografia da minha vida através do reflexo no espelho: um adolescente em direção à escola, amassado dentro de um coletivo, com uma mochila cheia de livros, de pé por duas horas.

Do lado de fora, ao ver essa fotografia lamentável, que no entanto é algo muito comum na rotina de milhões de pessoas nos principais centros urbanos brasileiros, qual perspectiva mais relevante poderia ser atribuída a esse amontoado de gente amassada?

A memória da minha adolescência sempre me leva de volta à esta minha antiga rotina. É disso que gosto de me lembrar, porque posso me conectar à minha essência, ao que sou e de onde vim. Assim eu posso recordar todas as vezes que usava esse tempo para sonhar e planejar uma mudança de vida.

Mas a minha principal razão para manter viva essa memória é preservar a certeza de que qualquer pessoa, por mais desqualificada ou vira-lata que pareça, um "da Silva" qualquer como eu, ou um suburbano sem classe como eu, ou um pobretão sem referencial como eu, ou um filho de gente simples e sem *pedigree* como eu, pode transformar o caos em que vive numa realidade completamente diferente.

SE EU ME ESQUEÇO DE QUEM EU SOU E DE ONDE VIM, IMEDIATAMENTE PERCO A AUTORIDADE DE LHE DIZER QUE VOCÊ TAMBÉM É CAPAZ DE MUDAR A SUA REALIDADE DE VIDA. BASTA NÃO SUCUMBIR AO "COITADISMO".

O MEDO DE SER VAIADO ESCONDE GRANDES TALENTOS.

QUEM É O MAIOR EMPREGADOR DO BRASIL?

a) Governos
b) Multinacionais
c) Micro e pequenas empresas

Acertou quem falou MICRO E PEQUENAS EMPRESAS. Elas são responsáveis por 70% dos empregos gerados no país, segundo dados do Ministério do Trabalho. Essa informação tem muita lógica, já que, de acordo com o jornal *O Estado de S. Paulo*, só em 2015, mais de 1.8 milhão de empresas fecharam suas portas em decorrência da crise econômica provocada pelo impasse político, o que resultou em um grande aumento da taxa de desemprego. Coincidência?

Todos sabemos que os impostos são altos no Brasil, que há uma infindável burocracia, os encargos trabalhistas são pesados e os juros bancários são dignos de agiotas. Então, por que ainda existem loucos que querem empreender no Brasil?

Porque os empresários que se tornam BEM-SUCEDIDOS são muito bem recompensados. Eles sentem o prazer de ter construído seu projeto, conquistam independência desse sistema nojento e ainda são MUITO bem remunerados.

A busca por todos esses "prêmios" é o principal combustível do EMPREENDEDORISMO. Se acabasse essa busca no Brasil, 70% dos empregos também desapareceriam da noite para o dia graças ao desaparecimento dessas pequenas empresas. A maioria da população mergulharia na pobreza e o governo entraria em falência.

Todo o sistema econômico de qualquer país do mundo depende da pequena empresa e do pequeno empreendedor, que acorda todos os dias pela manhã para lutar pelo seu sustento e pela construção de seus sonhos.

Se apenas 1% a mais de brasileiros passassem a buscar as recompensas geradas por um empreendimento bem-sucedido e honesto, milhões de novos empregos seriam gerados, a economia decolaria e o estado arrecadaria mais impostos. Todos ganhariam.

O Brasil precisa de mais empreendedores. O Brasil precisa desenvolver a sua cultura empreendedora. Nem todos têm vocação pra isso, mas se, como disse, uma pequena parcela a mais, com o incentivo correto, passasse a empreender, já seria o suficiente para melhorar muito a vida de todos no país.

Há cinco anos, a missão do GV é incentivar o empreendedorismo.

E SE EU FALHAR?

Essa é uma pergunta que assombra muitos brasileiros. Muitos não sabem que falhar, errar ou fracassar, como queiram chamar, é natural na vida de alguém que deseja construir uma história acima da média. Ainda há uma pressão social extra quando, por qualquer erro, somos vítimas de críticas que nos desqualificam até a terceira geração. **Afinal, a internet, há muito tempo, tornou-se um tribunal cheio de juízes de última instância.**

Errar faz parte da vida de quem deseja evoluir. Para não errar, basta ficar parado, sem ousar, ficar ano após ano estagnado, na mesmice, nadando na mediocridade e na estabilidade. O risco de errar deve ser enfrentado de peito aberto e de cabeça erguida. Ao errar, deve-se ter humildade para reconhecer o erro e não perder tempo dando justificativas. Em vez disso, é imperioso assumir a responsabilidade e ser rápido ao se retratar. Depois de refletir e aprender com o erro, comece a pensar no próximo passo ou no próximo projeto, se for o caso.

Se você falhar, não deixe o erro diminuir a sua ousadia. Mais tarde, assim que você alcançar um resultado concreto e incontestável, aqueles mesmos que o condenaram no tribunal da internet vão lhe dar tapinhas nas costas e dizer:

"Eu sempre acreditei em você."

SUBVERTA O SISTEMA

Já parou pra pensar que, desde o ensino fundamental até a universidade, você e eu fomos treinados para sermos empregados?

Vivemos nessa linha de montagem que nunca nos estimula a empreender. Ao contrário, os que se atrevem a sair do quadrado são tachados de lunáticos.

Quando o seu cérebro não é estimulado a empreender, muitas oportunidades passarão na sua frente e você sequer vai cogitar a hipótese de aproveitá-las. Elas vão passar despercebidas. Além disso, toda qualificação necessária pra empreender ficará em segundo plano.

Eu, por exemplo, nunca pensei em ser um empresário. Mas as circunstâncias da vida me levaram a algumas oportunidades e eu não hesitei. E se tivesse hesitado? E se não tivesse tido a coragem necessária? Certamente não estaria aqui escrevendo pra você.

É fato que os desafios para empreender no Brasil são muito grandes, mas também é verdade que a recompensa para os que se tornam bem-sucedidos é ainda maior e compensa todos os riscos.

Sabemos que nem todos serão empresários bem-sucedidos, mas quantos poderiam ter sido se não seguissem o fluxo e, por consequência, hoje permanecessem abaixo do que o seu potencial seria capaz de realizar? Quantas pessoas passam uma vida inteira trabalhando com chefes limitados, porque não têm a coragem e o preparo suficientes para mudar o jogo, justamente porque tiveram medo de sair do quadrado para o qual foram adestrados por toda vida?

Se este é o seu caso, nunca é tarde pra começar a subverter este sistema medíocre.

Se você não acredita em si mesmo, ninguém mais vai acreditar.

CRISES

Nunca é demais se lembrar de que, em momentos de crise, surgem grandes oportunidades que não são percebidas pela maioria das pessoas, porque elas acham que nada pode ser feito em meio ao caos. É justamente em momentos assim que pessoas comuns saem do anonimato.

INVEJA MATA

Um dia, ele acordou e, ao se levantar da cama, percebeu algo muito estranho: tudo estava preto e branco, nada tinha cor. Correu para o banheiro e lavou o rosto. Quando foi escovar os dentes, ainda preocupado, cuspiu a água rapidamente. A água estava amarga. Ainda sem entender, foi correndo falar com sua mulher. Ela parecia ter cinquenta anos a mais. Ele olhou bem pra ela, percebeu que, de fato, falava com sua mulher, mas como ela podia ter ficado tão enrugada da noite para o dia?

Antes de sair, sentou-se à mesa com a família para tomar café. Seus filhos não o olhavam nos olhos. Já estava preocupado com o que poderia acontecer. Quando deu a primeira mordida no pão, logo cuspiu, porque estava com gosto de podre. Ele pediu para sua mulher prová-lo. Ela disse que estava tudo bem e que o gosto estava normal, mas ainda assim ele sentia um cheiro e gosto podres.

Pegou o carro e decidiu ir ao médico. Nas ruas, lixo para todos os lados, as pessoas eram mal-educadas e, apesar de fazer um lindo dia de sol, chovia apenas sobre o seu carro. Ele sentia uma angústia sem explicação que o deixava muito infeliz.

Ao chegar ao médico, explicou todos os sintomas para o amigo que o atendia há mais de dez anos. Ele pediu exames. Ao chegar o resultado, ficou fácil dar o diagnóstico:

INVEJITE AGUDA.

A inveja deturpa a forma como o invejoso vê o mundo. A insatisfação com a sua vida faz com que veja tudo muito pior do que de fato é. É como o anoréxico que se considera gordo mesmo que esteja pesando quarenta quilos. Sua visão sobre si mesmo, sua baixa autoestima e o seu profundo incômodo com o vizinho transformam sua existência em uma miserável experiência de vida. Ao se sentir desesperado, passa a atacar, desprezar e até ofender os que ele mais admira e gostaria de ser igual.

Coitado do invejoso. Não tenha raiva dele. Tenha pena e viva sua vida feliz e sem culpa.

Não é pouco comum que, ao trocarem suas lideranças por outras mais eficientes, as empresas experimentem mudanças imediatas e significativas em seus resultados. Líderes de verdade são raros, por isso valem muito

INVISTA NAQUILO QUE *você faria de graça* PELO RESTO DA VIDA

Em entrevista recente a uma repórter de uma revista de grande circulação, foi feita a seguinte pergunta:

"O que é mais importante: competências técnicas ou comportamentais?"

Respondi:
Há uma competência que antecede essas duas citadas em sua pergunta que, infelizmente, é deixada de lado. É a definição da missão de vida.

O que você seria capaz de fazer DE GRAÇA pelo resto de sua vida por ter muito prazer e por ser uma atividade que contribui para lhe dar mais significado? Essa deve ser uma boa pista para apontar qual seria sua missão de vida.

O sistema educacional lamentavelmente é uma grande linha de montagem que conduz as massas de estudantes como uma grande manada. É muito comum que jovens sigam esse fluxo sem qualquer questionamento, entrem na universidade e, quando se formam, estão, em grande parte, prontos, no máximo, para arrumar um emprego, como se isso fosse, pura e simplesmente, o único propósito de suas vidas.

A falta de definição dessa missão de vida faz com que muitos vaguem por sua existência como meros espectadores ou vítimas das circunstâncias que encontraram, por acaso, no fluxo que seguem. De acaso em acaso, quando conseguem pagar suas contas no final do mês, já se dão por satisfeitos. Dessa forma, 35 anos passam num estalar de dedos e, quando se derem conta, estarão na fila do INSS pra receber sua minguada aposentadoria.

Quando alguém já começa a flertar com sua missão de vida já na adolescência, a escolha de sua faculdade, ou mesmo a escolha de não fazer uma, fica bem mais fácil. Não será necessário ceder às pressões dos amigos, da família ou da sociedade que têm preparadinho para ele um pacote formatado de carreira segura e com estabilidade (que não existe) para que ele consiga pagar as contas no futuro, como se isso bastasse para uma vida plena.

Uma vez definida a sua missão de vida, tudo ficará mais leve, pois, com significado, acordar pela manhã será muito mais gratificante. As segundas-feiras serão diferentes como as sextas-feiras, que também serão tão agradáveis quanto a semana que passou, o que é coisa rara, hoje em dia, pela falta de significado que transforma o trabalho numa tortura insuportável.

Voltando à pergunta da repórter, entre as competências técnicas e as comportamentais, uma vez definida a missão de vida, as competências comportamentais são as que vão, SEM DÚVIDA, definir se um profissional vai chegar mais longe ou se vai ocupar um lugar comum dentro de uma organização.

Daria pra falar horas sobre esse tema, mas por ora, ficamos por aqui e deixo uma pergunta:

O que você faz hoje, gastando horas de seu tempo, ou seja, a sua própria vida, que você faria de *graça pelo resto de seus dias*, por ser a sua missão de vida?

Se sua resposta é nada, pare, pense um pouco e busque definir a sua missão. Essa é uma das definições mais importantes de nossa vida.

Se a resposta é sim, tem algo que eu faria de graça, saiba que sua chance de ganhar bastante dinheiro fazendo exatamente isso é muito grande; pois, com a paixão, é possível chegar mais longe e se tornar muito competente em qualquer área. Além de cumprir sua missão, as recompensas que você pode ter podem ser muito grandes, inclusive do ponto de vista financeiro.

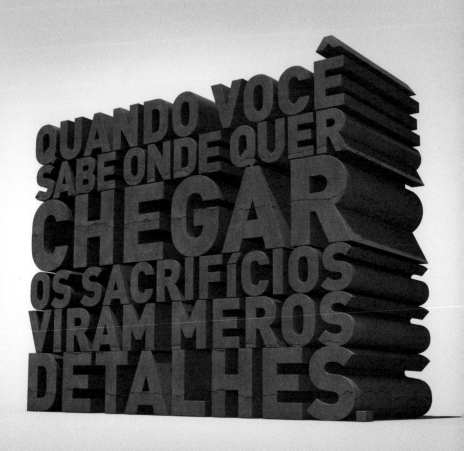

O MURO AINDA ESTÁ DE PÉ.
Uma pena.

O que move a humanidade são os sonhos. Seja o sonho de ser bem-sucedido, o sonho de fazer diferença na vida de outras pessoas, o sonho de brilhar no lugar mais alto do pódio, de ser reconhecido etc.

Pois é isso o que move o mundo. O desejo individual, a fome por evolução, o sonho, ou, se preferir, a ambição de não ser mais um na multidão. Isso é o que leva alguém a assumir riscos, mesmo contra as vozes da mediocridade que nos cercam. Esse chamado foi o que levou milhares de brasileiros comuns a fundarem suas próprias empresas, apesar de toda burocracia e corrupção estatal. Resultado: 70% dos empregos formais no Brasil foram gerados por esses sonhadores e proprietários de micro e pequenas empresas que proporcionam o sustento de milhões de famílias brasileiras.

O mundo vai tentar calar essa voz que grita dentro de você e que deseja ser colocada para fora. Outras propostas eventualmente vão querer anular esse seu desejo. O coletivismo é uma delas, por exemplo.

Para que você se renda ao coletivismo, vão chantageá-lo, chamá-lo de egoísta, vão dizer que você pensa apenas no seu umbigo, que é cúmplice das injustiças do mundo etc., até que seus sonhos individuais sejam impiedosamente sufocados e substituídos por uma mera posição no meio da multidão. Assim você acabará perdido no meio das grandes massas, lideradas por alguém acima de qualquer suspeita em favor da coletividade e de uma causa supostamente nobre pela qual, na visão deles, tudo é válido, inclusive sacrificar a sua própria vida.

Os novos convertidos pertencerão agora a alguma classe e seus sonhos serão substituídos por uma espécie de moralidade superior por sentirem-se mais conscientes socialmente e limpos da sujeira dos que compram e vendem em favor do lucro pessoal.

Nos lugares onde o coletivismo tomou o lugar da individualidade, a liberdade virou subversão, o direito a essa defesa virou fascismo, a meritocracia virou injustiça, os valores se inverteram e a suposta igualdade nivelou todos por baixo: na mediocridade.

COMO FLORESCER NO MEIO DESSE PÂNTANO?

Como não matar a sua curta existência para realizar seus sonhos se você é cercado por gente que o oprime com essas doutrinas?

Como não se tornar um desses personagens que repetem frases prontas e que adoram patrulhar sua forma de pensar e agir?

Respostas que qualquer morador de Berlim, de onde escrevo agora, sabe na ponta da língua, desde que o muro foi derrubado.

No entanto, aqui e em todo mundo, o muro ainda continua de pé nas mentes de muitos... Uma pena.

Num único instante, num estalar de dedos, qualquer aspecto de sua vida pode mudar tão somente com o poder de uma única DECISÃO.

TODA mudança, um dia, começou com uma decisão. Na falta dela, restam apenas as justificativas.

Um líder que não assume suas responsabilidades e apenas culpa terceiros ou circunstâncias, na realidade, não é um líder.

Pode ser qualquer coisa: chefe, patrão, enfeite, espantalho... qualquer coisa, menos um líder.

Acreditar em seu potencial NÃO GARANTE que você alcançará seus objetivos. Mas não acreditar nele GARANTE que você não sairá do lugar.

Liste alguns medos que você precisa superar:

SEUS SONHOS

MEDO

BEM-VINDO AO SENSO COMUM

A vida é muito preciosa para seguirmos o senso comum.

Quer fazer como todo mundo faz, pensar como todo mundo pensa e agir e reagir como todo mundo se acostumou? Então seja bem-vindo ao senso comum. Ele vai levá-lo, no máximo, aonde todos chegam.

Quer chegar mais longe? Digo, mais longe mesmo?

Então pense de uma maneira diferente e principalmente AJA de uma maneira diferente. Isso não vai garantir nada a você, mas todos que chegaram lá, certamente, saíram do padrão de pensamento e comportamento imposto pelo senso comum.

Sim, eu sei que se desgarrar do rebanho e do fluxo das grandes massas não é fácil. No meio da boiada, a sensação de segurança é muito maior; mas, infelizmente, é ilusória. Por isso, um ingrediente fundamental para se chegar mais longe é a coragem.

Quantos talentos são desperdiçados todos os dias por falta de coragem?

Quantos projetos vão parar no cemitério por falta de coragem?

Quantas pessoas vão passar o resto de suas vidas se lamentando pelas iniciativas que não tomaram, pelos projetos dos quais fugiram e pelas pessoas amadas que perderam por medo de serem rejeitadas?

**A vida é preciosa demais
para seguirmos o senso comum.**

A PRIMEIRA PALAVRA QUE LER TE DEFINE.

```
E N N A M O A D X C O N P V S A
Q V H B V I X A N V R K O B A R
M E S Q U I N H O B G Q R A N T
A X E N U Q M V P N U U I S C Y
S J A V S Y N N O M L S X U V U
B Q A X A H S D X L H H A Q O R
Z U C C N A A S O K O A A R I O
X E V M Z N Q A A J S N X Y M Q
C B U E M Z S U N G O P C S P I
V T A D K P R I Z H J O V U U X
N R S R P E T O X X A O N Y L C
B I J O A R Y Q U B E A A A S V
M O H S O D U R Q A G N N I I Y
N S Q O Q E Q U Y N O B E X V V
K A P V V D U E S A I S R C O S
L N L C N O O Q H O S A H V A A
K V X M C R I I A I T H Y B N B
I N T R O V E R T I D O Q B E X
G X I B Z O L A N E A K I N P C
A A Q T N L K G M Y E L Q M O V
```

```
U A A N N M I A N S C U U J I V
Q S I K X A N Z P U V E I A C N
I B S J M N S N A H X G N N A M
Z N A H N D S S O N M O N C S K
X Z N G L Ã E A R V A C V X O L
C X A F L O G N T C S E C I K K
N C O V A R D E I X B N X N N J
Z B I N C A P A Z K S T P S L G
N D S N Y O O A N A A R E E K G
I S A Z R I B N A S D I S G J F
A R R O G A N T E D E C S U H F
Q T V X T A N T L K U O I R G A
I Y B N U E Z R S V R N M O A S
S R R J I U M I N I I M I N S Q
A N T I P A T I C O T N S X D W
X U E T L U A E H C R B T A F E
C I U R G X S I R A O A A C G U
V O Q F A L S O T S O S O V H I
N F R A C A S S A D O U N X J R
I L A Q A X E B O N N D L K K O
```

NÃO DEIXE NINGUÉM TE ROTULAR.

Nem Nem Nem

Segundo dados oficiais do IBGE, no ano de 2005, cerca de 12% da população de jovens, entre 15 e 29 anos de idade, nem estudava, nem trabalhava, tampouco procurava emprego.

Passados dez anos, em 2015, essa realidade tinha mudado. Piorou muito, segundo dados do instituto. O índice aumentou para quase 25%. Ou seja, **um quarto dos jovens brasileiros, nessa faixa etária, nem estudam, nem trabalham, nem procuram emprego.**

Não é necessário ser nenhum gênio para constatar que um em cada quatro dos nossos jovens não têm qualquer perspectiva de futuro. Os números são contundentes e demonstram que as políticas públicas voltadas para a nossa juventude fracassaram.

Além de ruins, as escolas perderam a capacidade de engajar. Não está mais claro, como foi um dia para nossos jovens, a relação de causa e efeito de suas escolhas e o que sua carreira acadêmica pode oferecer para o seu futuro. O esforço e a dedicação perderam o espaço, pois a meritocracia foi demonizada. Dedicar-se pra quê?

A percepção de luta por um futuro melhor foi politizada, como se algum político fosse capaz de garantir alguma conquista, ou que uma lei tenha o poder de mudar a minha vida, seja para melhor ou para pior. Pode até ajudar, mas não determina. Cair nessa ilusão é muito cruel.

A lógica do "plantar e colher" com as próprias mãos foi substituída por filosofias coletivistas, e o jovem passou a abrir mão de sua individualidade em troca de fazer parte de uma multidão barulhenta. O silêncio das horas de estudo em seu quarto, lutando para "vencer na vida", tornou-se antiquado e um estilo de vida exclusivo para burgueses privilegiados (mentira). O barulho das grandes massas o seduziu e ganhou espaço em sua agenda fora da escola. Dentro dela, os valores plantados endossaram esse novo estilo de vida.

Faz tempo que estão estragando os nossos jovens. Estão arrancando deles a VONTADE, a fome, a AMBIÇÃO (que é diferente de ganância), seus sonhos individuais, bem como suas aspirações mais particulares que, na verdade, são insubstituíveis por mais linda, poética e utópica que seja a causa.

Sim, os últimos dez anos foram um desastre para nossos jovens, mas o maior problema é que a escola continua, mais do que nunca, politizada.

Alguns batem no peito e acham que isso é sinal de evolução. Evolução só pra quem controla essas massas, pois elas se transformam em capital político que beneficia meia dúzia de burocratas. Porém, ao pensarmos em cada indivíduo, cada um desses jovens e no futuro que terão, a tendência é que essa nova geração dos NEM/NEM/NEM (nem estuda, nem trabalha, nem procura trabalho) só venha a aumentar, formando uma geração de zumbis coletivistas treinados para abandonar a individualidade.

Chegará o dia em que essa multidão vai querer que o estado a sustente (estado = você que trabalha para pagar impostos). Se não tiver dinheiro para sustentá-la (não terá), vai se sentir traída e ficará revoltada, porque acreditou, durante toda sua juventude, que bastava isso para ter um futuro garantido, além de se sentir a heroína da "democracia".

A decepção será (já tem sido) muito grande. Nesse dia, mais burocratas e políticos populistas estarão de prontidão em busca de capitalizar essa revolta a seu favor novamente. Esse é o jogo que eles jogam.

Somente a livre-iniciativa de indivíduos em busca de realizar os seus próprios sonhos, seja por meio da área acadêmica, do empreendedorismo, do esporte ou da arte, é que torna possível o atingimento da missão de vida. Nem todo mundo ficará rico, mas quanto mais pessoas educadas e treinadas para serem autossuficientes, mais o país se fortalece.

Agora, indivíduos que abandonaram suas ambições, porque acreditaram no canto da sereia e se converteram a uma espécie de seita política, quando acordarem e se derem conta disso, estarão engrossando ainda mais as fileiras dos NEM/NEM/NEM.

Um desperdício de talentos.

NÃO SEJA A VÍTIMA DO MUNDO

Continue culpando terceiros pelo seu fracasso. Quando chegar ao fundo do poço, você ainda vai se surpreender ao descobrir que existe o esgoto do fundo do poço.

Em vez de culpar terceiros, pergunte-se a si mesmo:

Onde eu errei?
Confiei demais?
Não tinha um plano B?
Não me precavi e antecipei tudo que poderia ter saído errado?
Não trabalhei o suficiente?
Não fui capaz de fazer o diagnóstico adequado?
Permiti que a situação não estivesse em minha mão como deveria?

Os campeões se questionam assim quando fracassam. Graças a essa postura, dão a volta por cima, pois encontram forças para subir, mesmo tendo chegado ao fundo do poço, porque se recusam a conhecer o esgoto do fundo do poço.

Esse péssimo hábito de se vitimizar está tão na moda ultimamente que o idioma dos campeões se tornou tão compreensível quanto ouvir um nativo do Congo falando um dialeto tribal indecifrável. Ninguém entende nada e ainda se sente ofendido...

São novos tempos, uma época em que os campeões ficam cada vez mais escassos.

Mas eu sei que aí do outro lado tem um campeão.

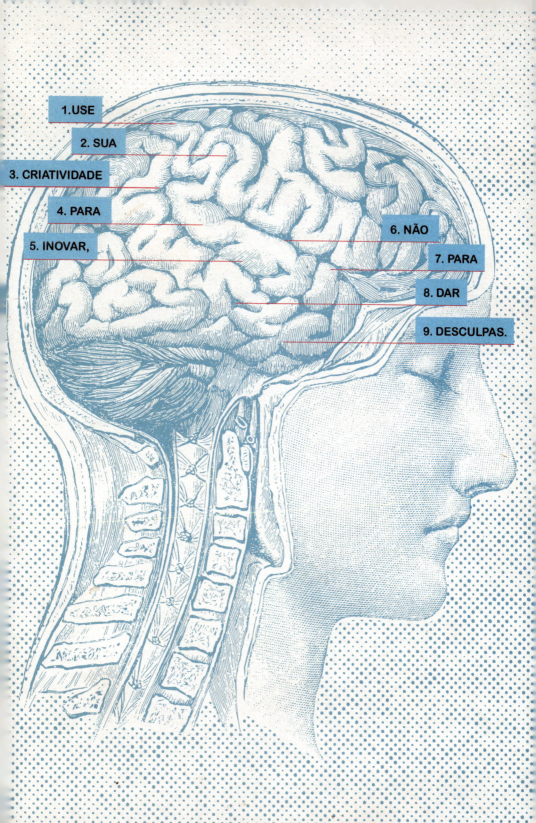

O QUE É O TAL DO "IMPOSSÍVEL"?

Seria transformar o mercado dos EUA em um mercado apaixonado pelo futebol, o que foi tentado sem sucesso tantas vezes nas últimas décadas?

Seria transformar o empreendedorismo numa solução acessível a todos que desejam construir uma vida acima da média?

O que é mesmo esse tal do "impossível"?

Seria falar um novo idioma sem precisar frequentar uma sala de aula por quase uma década?

Ou o impossível é sair do nada para o tudo, da periferia para o mundo ou até mesmo contrariar estatísticas, padrões e determinismos sociais, e ainda arrastar multidões nessa mesma crença?

O impossível é um paradoxo porque ele é aquela coisa que acreditamos quando paramos de acreditar. É aquilo a que damos tanta importância quando perdemos a nossa própria importância.

Por mais que eu não saiba como conseguir, eu sou capaz de fazer o que eu quiser. Isso me motiva a não me acomodar e a aprender o que for necessário para chegar mais longe.

Estou absolutamente convencido de que você também é capaz.

TRABALHAR NÃO CANSA

O que cansa é não sair do lugar, não vislumbrar perspectivas e não se sentir realizado com os frutos produzidos.

Trabalhar não é castigo.

Castigo é ficar pra trás por ter feito escolhas erradas, é não realizar seus sonhos por falta de coragem e ser mais um na multidão tendo sido guiado pelo senso comum.

Trabalhar não é frequentar um lugar.
Trabalhar é produzir, é sair do ponto A para o ponto B.

Muitos frequentam empresas, como donos ou empregados. Mas poucos de fato trabalham. Na verdade, muitos apenas se arrastam. Poucos chegam mais longe.

Está infeliz com seus resultados?

Tome providências ou cale-se para sempre.

QUAL É O TEU LIMITE?
O QUE PODE TE LIMITAR?
QUAIS SERÃO TUAS
JUSTIFICATIVAS
AQUI A 20 ANOS?
PENSE FORA
DA CAIXA

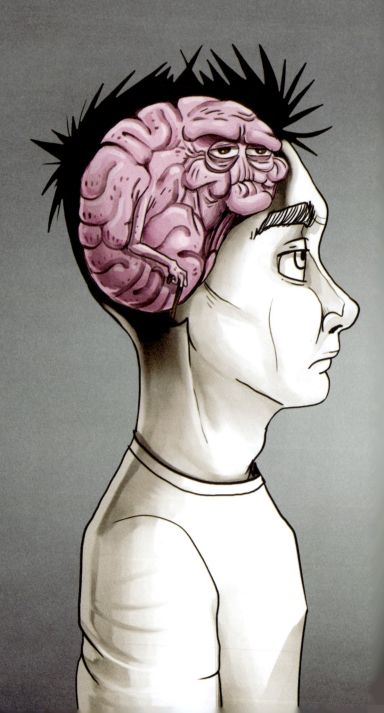

Ao selecionarmos criteriosamente o conteúdo que <u>consumimos diariamente</u>, evitamos que nosso cérebro se transforme numa lata de lixo.

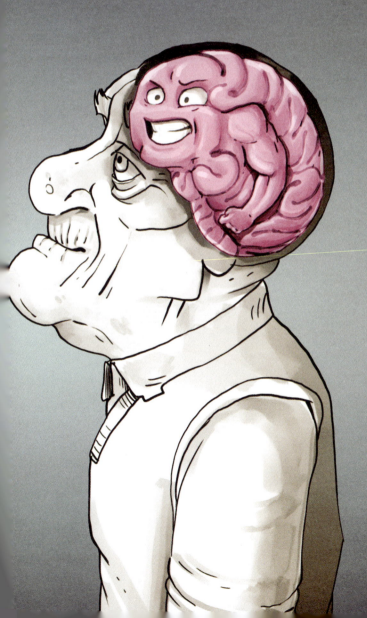

ESTÁ CANSADO DE SER OU DE NÃO SER?

O que cansa mais: o estresse do crescimento ou o estresse da estagnação?

O que cansa mais: um dia intenso de trabalho ou um dia intenso de entrevistas de emprego?

O que cansa mais: uma madrugada pensando num novo projeto depois de um fracasso ou uma noite sem dormir por não saber qual será o seu futuro?

A vida é uma batalha diária, muitas vezes cansativa e desgastante. Em meio a esse turbilhão, é nossa responsabilidade criarmos momentos felizes e agradáveis com as pessoas que amamos, dando muitas risadas com nossos amigos. Porém, logo em seguida, devemos voltar para a batalha diária.

Então, pare de se iludir pensnando que a vida será uma tranquilidade. A <u>estabilidade não existe</u>, e a calmaria é um sinal de estagnação, pois não leva a lugar algum e nos causa muitas frustrações.

A vida de quem cresce é agitada, cheia de mudanças e repleta de estresses, fracassos e aprendizados.

ÔÔÔ, AGITAÇÃO BOA!

Se é pra cansar, então que seja pelo motivo certo.

E quando você se der conta de que o seu dia está agitado, fique feliz e pense assim: eu trabalhei pra isso. Consegui.

VOCÊ MERECE SER LIVRE

Sempre haverá momentos em que teremos de fazer uma escolha entre nos lamentar pelo passado ou olhar para frente com energia e entusiasmo. Infelizmente, os desafios da construção de um futuro promissor são tão grandes que quase sempre não é possível realizar essa tarefa carregando pesos mortos nas costas.

O desejo obstinado de "fazer justiça" ou a necessidade de satisfazer um orgulho ferido não são, nem de longe, algo que produz energia positiva. Ao contrário, gera amargura, tristeza e um sentimento de vingança que, depois de consumado, não traz a satisfação que se imaginava. Qual é o resultado? Perda de tempo, energia, distanciamento de amigos e muita tristeza.

No final do dia, sabemos que nossas emoções são exímias sequestradoras. Tornar-se refém delas é um dos maiores prejuízos que alguém que não quer passar a vida em branco pode fazer.

Por outro lado, quando calculamos de forma racional a relação entre custo e benefício para tomarmos a decisão de abandonar as armadilhas emocionais que poderiam nos prender por anos, escolhemos um caminho mais inteligente, ainda que estejamos abrindo mão de algumas coisas. Em contrapartida, ganhamos de presente um futuro leve, sem pesos e sem sentimentos negativos que também ficaram pra trás.

Infelizmente, grande parte da humanidade vive no calabouço de suas emoções, aprisionados em rancores, atormentados por sentimentos de vingança e limitados por terem gastado toda sua energia produtiva e seu potencial com o lixo emocional que foi acumulado por décadas e, o que é ainda pior, sempre se convencendo de que a culpa é de alguém.

OLHE PRA FRENTE.
O QUE PASSOU PASSOU.
PERDOE. MESMO A OUTRA PARTE NÃO MERECENDO.
VOCÊ MERECE SER LIVRE.
A DECISÃO ESTÁ EM SUAS MÃOS.
NÃO CULPE TERCEIROS POR SUA MISÉRIA EMOCIONAL.
APAIXONE-SE PELO FUTURO.
DO PASSADO, FIQUE SÓ COM OS APRENDIZADOS.
AS PESSOAS ACHAM QUE OS RECLAMÕES SÃO MUITO CHATOS.
APRENDA A PERDER PARA GANHAR.
SEM ABRIR MÃO DE NADA, MUITOS ACABAM COM NADA.
TEM ATÉ DINHEIRO, MAS, DE FATO, NÃO TEM NADA.

MÃE, SEU FILHO TEM UM SÉRIO PROBLEMA DE RETARDO.
ELE TIROU OUTRO ZERO NO EXAME DE VOO.

Aprenda a aprender. Se você continuar acreditando que aprender é somente o que acha que aprendeu na escola, vai ter de aprender a duras penas, na prática, que não aprendeu coisa alguma ou, na melhor das hipóteses, não aprendeu o suficiente para mudar sua realidade.

Agora escreva abaixo o nome das pessoas que você considera uma referência acima da média.

Estude mais e faça sua própria pesquisa. Acredite mais em você e menos no sistema.

A INTERNET TRAZ benefícios e NOVOS DESAFIOS

É fato que vivemos num momento de transição no mundo, em que muitas incertezas pairam na cabeça de uma juventude que sonha em ser bem-sucedida e que quer realizar os seus desejos e aspirações, mas essa turma nunca esteve tão insegura e influenciada por tanta informação disponível no planeta virtual da internet.

Nesse contexto, surgem os gurus, *coaches*, mentores, *master minders*, consultores, escritores e palestrantes eloquentes com a promessa de resultados garantidos e rápidos. Isso é ruim? Não penso dessa maneira. *A internet deu a todos, sem exceção, com autoridade ou não, com resultados ou não, de forma competente ou não, o espaço para se vender o peixe.* Cabe a cada indivíduo/consumidor saber distinguir entre o que de fato tem valor e o que não passa de espuma.

Mas será que esses jovens, no auge da insegurança, estão preparados para separar o joio do trigo e perceber a diferença entre pérolas e bolhas de sabão sopradas pela boca de aproveitadores e vendedores de esperança?

Ainda vai levar tempo para o mercado amadurecer a ponto de uma pessoa comum saber a diferença entre as duas coisas. Embora pareça óbvio para muitos, infelizmente, para quem está desesperado à procura de uma direção, a distinção não é tão simples assim. Até porque alguns buscam apenas ouvir aquilo que seja agradável aos seus ouvidos, massagens para o ego e palavras não experienciadas por quem as profere. Nesses casos não importa se o guru cibernético tem ou não propriedade pra falar sobre o assunto.

Recentemente recusei o título de "guru" que um repórter tentou associar a mim numa entrevista. Não tenho essa pretensão e tampouco penso ser produtivo cair nessa armadilha de passar a ser visto dessa forma, ou pior, de me sentir como tal. Sou o que sou. Um empresário que se realiza com a construção e o sucesso dos projetos que se propõe a realizar. Mesmo em meio a uma agenda bastante agitada, viajando entre Europa, Brasil e EUA, dezenas de vezes por ano, decidi dividir aqui um pouco do que aprendi e do que ajudou a me destacar nessa sociedade cheia de contradições.

Desde que decidi dar minha cara a tapa na internet em 2011, quando criei o Geração de Valor, muito antes dessa modinha de gurus se disseminar pela rede, sempre me preocupei em escrever e falar apenas o que vivo, de acordo com meus resultados empresariais. Confesso que o grande número de pessoas que dizem seguir meus conselhos passou a ser um estímulo adicional para eu manter em alta os meus resultados. Nessa área em particular, os últimos cinco anos foram mais produtivos para mim do que os vinte anos anteriores, tanto em realizações como em construção de riquezas. Coincidência? Não sei responder, mas o fato é que, até hoje, manter-me digno da confiança que depositam em mim é também um fator que me mantém firme em meu dia a dia, o que representa um senso a mais de responsabilidade, que considero ter se tornado um grande aliado meu.

Por outro lado, se passasse a fracassar em meus projetos, perderia a autoridade para falar sobre os temas que abordo e, não me sentiria mais digno de poder dizer alguma coisa a ser seguida por alguém. Ficaria calado até voltar a conquistar resultados positivos.

Qualquer pessoa pode falar o que bem entender, mas é importante compreender que, no ramo dos negócios, direito de expressão não é suficiente para exercer papel de liderança, pois resultado é o único argumento que nos dá autoridade. O resto é balela.

Mas vamos analisar outro aspecto que é positivo em meio a essas questões. "Nunca na história deste país", jovens estiveram tão interessados em empreendedorismo e em aprender como alcançar o sucesso. É como se tivessem despertado de um sono profundo e descoberto que isso não se aprende na escola, o que desencadeou uma busca desesperada por respostas. Então veio a internet... Eu penso que todo esse processo foi extremamente positivo.

O primeiro passo foi dado e o interesse pelo assunto está em alta. *Agora, o próximo passo será amadurecer os consumidores/leitores. Enquanto isso, ultrapassamos três milhões de GVs com um alcance de mais de 22 milhões de pessoas que nos leem todas as semanas, mais de três milhões de ouvintes por trimestre que seguem o nosso podcast, o GVCAST, além de termos os livros de negócios mais vendidos do Brasil, o Geração de Valor 1 e 2.*

Enquanto eu for capaz de merecer a sua confiança de vocês por meio dos resultados de meus negócios, estarei aqui para dizer que você também pode, que você não precisa seguir a boiada e pensar dentro da caixa que lhe reservaram nesta sociedade. Existe vida fora dessa caixa e quem tem coragem de se libertar dela, além de assumir riscos que poucos estão dispostos, pode desfrutar de coisas a que apenas uma minoria tem acesso.

> Estou aqui por sua causa.

Não preciso dessa exposição. Ao contrário, a maioria dos que chegaram pelo menos a 10% de onde cheguei querem distância dela.

Se for pra você despertar e conquistar os seus projetos, mesmo lidando com as críticas e os julgamentos alheios, tudo isso já terá valido a pena para mim.

ESCREVA UMA NOVA LEGENDA PARA ESTA IMAGEM.

EMOÇÕES, EXPERIÊNCIAS E CRÍTICOS

Depois de 25 anos atuando na linha de frente no mercado, formando executivos e empreendedores, vendo muita gente fracassar e apenas alguns triunfarem, estou cada dia mais convencido de que as competências emocionais são as que realmente fazem a diferença.

Vi muita gente inteligente e talentosa desperdiçar oportunidades por causa de desequilíbrios inacreditáveis, inseguranças inexplicáveis ou por serem dominados pela ansiedade. Isso aconteceu, mesmo considerando que possuíam boa formação e conhecimento técnico invejável.

Também presenciei outros casos de pessoas que, apesar de não terem tido acesso a uma formação acadêmica, além de serem obrigados a lidar com uma série de limitações, chegaram muito longe graças à disciplina, lealdade e foco. Suas limitações técnicas foram superadas com um pouco mais de tempo e esforço até alcançarem em o nível suficiente.

Já lamentei muito por perder grandes talentos, ou melhor, por vê-los morrendo em meus braços e ouvir seus últimos suspiros, enquanto lutava muito para orientá-los na direção certa. É claro que o maior prejuízo sempre foi desses suicidas profissionais. Mas, como líder, sempre lamentei muito todas as vezes que precisei atuar como coveiro, enterrando esses talentos desperdiçados no cemitério do esquecimento.

Por outro lado, não há alegria maior para um líder do que ver seu aluno reencontrando a autoconfiança, libertando-se dos complexos que carregou por toda vida, vendo o seu talento florescer, seu brilho nos olhos de volta, enquanto amadurece a ponto de se tornar um bom gestor de seus sentimentos, em vez de ser dominado por eles como eu era em outro tempo.

Depois de quase três décadas neste campo sangrento de batalha, não me restam dúvidas sobre o quanto as competências emocionais fazem toda diferença entre o sucesso e o esquecimento, entre a realização e a frustração, assim como entre a prosperidade e a mediocridade.

Apesar de constatar essa realidade, vejo que muitos desconhecem a sua existência, pois tratam o perfil emocional como algo abstrato e quase místico. Por isso, vão sempre classificar essa abordagem como uma espécie de autoajuda barata, referindo-se a ela com um certo desdém e um olhar de superioridade.

Talvez não façam isso por maldade. Fazem por ignorância, por limitação mesmo, pois nenhuma dessas competências emocionais lhes foram ensinadas na escola. São completamente analfabetos no assunto. Como, geralmente, esses candidatos a intelectuais acreditam muito no sistema, dentro do qual se encontram bastante enraizados, tudo que é diferente dessa cartilha, na qual foram adestrados, é rejeitado, quando deveriam reconhecer com humildade que teriam muito a aprender nessa área.

Em muitos casos, essa postura se estabelece enquanto eles não conseguem ter sucesso em seus pequenos projetos, acumulando muitas frustrações que acabam sendo despejadas em suas palavras contra o que eles chamam de "fórmulas de sucesso" ou frases de efeito.

Essa atitude é de certa forma compreensível, pois realmente deve ser insuportável para essa gente concluir que, do alto de sua sapiência e intelectualidade, seus resultados tornaram-se decepcionantes e insignificantes com o passar do tempo. Por isso, restam-lhes apenas refutar todo e qualquer discurso que lhes atribuam responsabilidade. Segundo eles, é tudo culpa da crise, do Brasil, do sistema, do mercado etc. Se no fim tudo der errado, ao menos poderão escrever sobre suas frustrações em seus *blogs* e desferir críticas aos "cabeças fracas" que dão tanta audiência para a autoajuda barata, que para eles nada mais é do que uma massa formada por bobinhos desmiolados. Enquanto eles são os descolados, falam bonito, escrevem bonito. Eles são os detentores exclusivos do senso crítico, cheios de teorias e meia dúzia de realizações corriqueiras.

Já os "bobinhos", acreditam que as respostas para suas aspirações não estão somente no raciocínio cartesiano e binário ensinado na escola, nem nas razões macroeconômicas, e sim dentro de cada um de nós, nos labirintos de nossas emoções, onde se escondem grandes monstros capazes de nos paralisar ou grandes heróis sedentos por aventuras repletas de vitórias.

Nos últimos 25 anos, eu me deparei com esse cenário diversas vezes. Enquanto isso, eu, que era o mais bobinho e iludido de todos, seguidor de autoajuda barata e aparentemente nada esperto, intelectual ou descolado como eles, colecionei alguns resultados. Depois disso, colecionei mais outros, e como os descolados costumam dizer que é sorte, fundei mais empresas que foram novamente bem-sucedidas. Mas quanta sorte eu tenho!

Assim é a vida, que é composta pelos que aplaudem, os que são aplaudidos e os que somente criticam.

Pobre vida dos que somente criticam. Já os bobinhos...

O QUE AS PESSOAS COM QUEM VOCÊ SE RELACIONA PENSARIAM CASO OUVISSEM SUAS LIGAÇÕES TELEFÔNICAS GRAMPEADAS?

Elas se surpreenderiam ao descobrir sua verdadeira identidade ou concluiriam que você é verdadeiro e tem uma única identidade em qualquer circunstância?

Se você é uma pessoa em público e outra completamente diferente nos bastidores, tá na hora de repensar a vida.

NEGOCIAR SEUS PRINCÍPIOS é um péssimo NEGÓCIO.

Basta executar o que você sabe fazer e os resultados vão aparecer. Ao retomar o controle emocional, o ansioso, com suas próprias mãos prejudica seus resultados.

Mesmo com toda a técnica, experiência e capital, qualquer projeto jamais sairá do papel se não houver CORAGEM.

Desde que se tenha coragem, a falta da técnica e capital podem ser solucionados.

Porém, NADA soluciona a decisão que alguém tomou de manter-se abraçado à covardia.

A história

A escola o treinou pra ser empregado.
A família o educou, desde cedo, para ter uma profissão.
Uma legião de conservadores disseram a você que o barato é a estabilidade.
Cresceste ouvindo que o capitalismo é opressor.
Seguindo a boiada, tens uma sensação maior de segurança.
Até que um dia você achou que Che Guevara não era uma cara tão legal assim como te disseram...
Começaste a pensar no futuro, tiveste uma ideia e resolveste empreender.
E agora, o que esperar?
Tudo, menos apoio.
Serás uma decepção para muitos.
Outros vão rir de ti.
Vão te comparar com aquele primo que passou no concurso público.
Alguns terão pena de ti.
Sonhador é eufemismo para otário.
Deixarás de ser um bom partido.
Vai aparecer um monte de parentes conselheiros.
Vão te marcar em *posts* com mensagens medíocres.
As indiretas vão aumentar em reuniões de família.
O gerente do banco negará crédito a você e, pra despistar, dirá que tu precisas iniciar um relacionamento com o banco.

sempre se repete ♡

E o que acontece depois?

90% desistirão por não suportar a pressão e retornarão para a manada.
Dos que avançarem bravamente, muitos que ainda não estavam preparados fracassarão.
Os que fracassarem vão ter que conviver com os profetas do passado e ouvir todos os dias: "eu te disse, eu te disse", "não te falei?".
Vai haver dias nos quais vais chorar sozinho.
Muitos desistirão.
Terás novas ideias. Elas vão te perseguir. Porque tu enxergas o mundo diferente.
Chegarás à conclusão de que é necessário te preparares melhor.
Vais estudar e pesquisar por conta própria.
Alguns amigos vão lhe chamar de coxinha.
Todas as críticas funcionarão para ti como um combustível. Por isso, trabalharás muito.
Em dado momento, tu começarás a vender teu produto.
O dinheiro começará a entrar.
Tua confiança aumentará.
O entusiasmo te contagiará.

Tu aprenderás e perceberás que é possível.
Passarão dois anos e teu negócio ganhará corpo.
Tu não te acomodarás e continuarás estudando por conta própria e trabalhando bastante.
Os parentes observarão de longe.
Com a tua prosperidade, alguns amigos pensarão que tu agora és um traficante, "só pode".
Quando te mudares pro teu apê, te chamarão de esnobe.
Quando chegares de carro para visitar a família, virarás assunto dos vizinhos.
Teu reconhecimento no mercado virá de pessoas que não te conhecem.
Nesse momento, ganharás mais do que todos os teus amigos e parentes.
Mais um ano e começarão a perceber que teu sucesso é uma realidade.
Vão começar a puxar o teu saco.
A(O) ex-namorada(o) vai te ligar.
Teus amigos da zoeira vão te pedir emprego.
O gerente do banco vai ligar uma vez por semana para tua secretária para tentar marcar um almoço contigo.
Teu caso será estudado no meuSucesso.com.
Teus pais ficarão orgulhosos.
No final, muitos vão dizer que tiveste sorte.
Nada mais do que isso.
Apenas sorte.

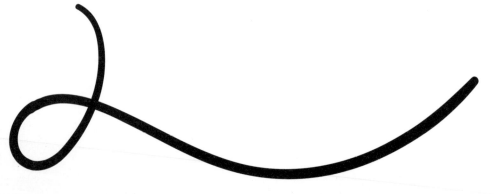

SE VOCÊ NÃO MUDA, SEU FUTURO CONTINUA O MESMO.

Quem não olha para a frente, porque está preso no passado, perde o bonde da história e deixa de ganhar muito mais do que acha que já perdeu. O que passou, passou. O que está por vir é sempre maior, mais saboroso e motivador. Desapegue ou caia no esquecimento.

Para empreendedores toda história tem

início, meio e Início

Sou apaixonado por histórias e acredito que cada pessoa é roteirista de sua própria vida.

Eu escolhi escrever roteiros de aventura pra minha curta passagem por este Planeta, mas sei que muitos preferem viver na ficção, drama ou terror.

Outros, com medo de serem comidos por um jacaré ou devorados por um dragão que cospe fogo, escrevem roteiros conservadores, chatos e sonolentos.

Sempre há tempo para começar a escrever um novo roteiro. O futuro é uma folha em branco.

Não se acovarde.

QUEM GOVERNA VOCÊ É VOCÊ MESMO

Se uma pessoa conseguiu, estatisticamente, todas conseguem. Fácil? Quem disse isso?

Quer moleza? Quer terceirizar para o governo? Se for o caso, um dia você vai cair do cavalo.

Você é capaz de se autossustentar ou você é refém do governo. Não existe meio-termo.

Está atrás de direitos?

Nada contra os seus direitos, mas você está mirando o alvo errado. O simples fato de você existir pode até lhe dar alguns supostos direitos. Porém, ao depender deles, você se transforma, mais uma vez, em um refém desse sistema nojento.

O Brasil é uma terra fértil, mesmo com os burocratas parasitas atrapalhando. Por outro lado, cada um de nós somos os agricultores dessa terra. Cabe a cada um de nós plantar para colher. Sem o ato de plantar, não pode haver colheita.

Fácil? Quem disse isso?

Se uma pessoa conseguiu, estatisticamente, todas conseguem.

NÃO SEJA ESCRAVO DELE.

Organize sua mente em função dos objetivos prioritários de sua vida. O resultado será uma agenda de trabalho com a qual você ocupará grande parte de seu tempo.

Sua agenda revela suas prioridades.

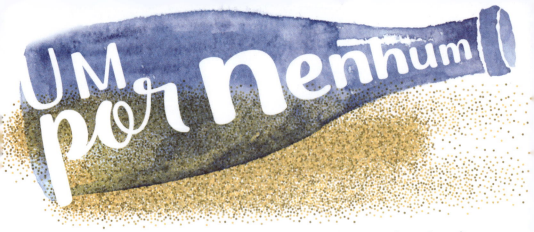

Um por nenhum

Ainda jovem, ouvi uma história de dois sobreviventes de um acidente aéreo que caíram num deserto. Morrendo de sede, caminharam por dias até que avistaram uma garrafa de água sobre a areia. Depois de se entreolharem brevemente começaram a andar em direção à garrafa. Aceleraram o passo até correrem desesperadamente na direção daquilo que parecia uma miragem, mas era real.

Ao se aproximarem, lutaram pela garrafa, já que ela poderia significar a sobrevivência. Depois de muito empurra-empurra, tapas, socos e chutes, um deles estava prestes a pegar a garrafa para beber a água. No entanto, o outro, ao se recuperar das bofetadas, correu e, antes que o outro bebesse, deu um chute na garrafa que caiu sobre a areia, derramando toda a água que estava dentro. Os dois morreram de sede horas depois.

Seria muito mais racional se os dois, ao encontrarem a garrafa no deserto, pudessem dividir a descoberta e garantir por mais algum tempo a sobrevivência de ambos. No entanto, a desconfiança, ou mesmo o egoísmo, fez com que os dois disputassem a garrafa. Ao perceber que perderia a garrafa de água, o que estava para trás tomou uma decisão:

> "SE EU NÃO BEBO, NINGUÉM VAI BEBER."

É claro que, nesse conto, o egoísmo, a luta pela garrafa e a questão extrema da sobrevivência ilustram muito bem o drama que esses dois personagens estavam vivendo. No entanto, o "se eu não bebo, ninguém vai beber" está bastante presente em nossa sociedade de uma maneira mais forte do que se pensa, já que esse lema trafega no submundo da mente coletiva, no esgoto da consciência humana e nos porões da inveja que tem o seu lema muito bem definido:

"Se eu não bebo, ninguém vai beber."

Numa sociedade em que competimos por um emprego, por um lugar no mercado, por um marido, por uma esposa, por uma família bonita, por uma posição social, por reconhecimento profissional, por sucesso, por realização, pela construção de nossos projetos, por ideias, por ideais, por ideologias, pelo título de campeão do nosso time de futebol, por evidência nas redes sociais, por aceitação e até por mantermos nossa própria identidade, o que muitos fazem quando fracassam? Como reagem quando não alcançam suas metas? O que pensam quando as coisas não saem como o planejado? A que conclusões chegam quando ficam para trás?

Há somente duas possibilidades:

1. Sou responsável por meus resultados: Esse grupo percebe que não se dedicou como deveria, que não foi competente o suficiente ou que cometeu erros de avaliação. Nesse caso, ele tem a chance de aprender com seus erros e se dedicar a batalhar pelos seus projetos novamente até conseguir realizá-los. Ele assume com dignidade seus erros e dedica-se a evoluir em busca da realização de seus projetos.

2. A responsabilidade é do sistema, de alguém ou de quem quer que seja, menos minha: Esse grupo geralmente tem uma imagem muito equivocada sobre si mesmo e não aceita o fato de que pode ter errado, não se preparado da maneira correta ou ainda ser confrontado pela realidade e cair na autopiedade, negar seu fracasso, culpar forças ocultas, como, por exemplo, o sistema, as supostas cartas marcadas, o capitalismo e suas injustiças, a elite ou outras desvantagens construídas entre os que optaram por se sentirem injustiçados e vítimas de conspirações.

Ressentidos por seus fracassos ou por não serem reconhecidos pelo que erroneamente pensam sobre si mesmos, sem encontrar um espaço de destaque na sociedade, em vez de assumirem seus erros e trabalhar novamente para realizar seus projetos, embarcam numa cruzada contra as supostas injustiças do sistema, as quais consideram ser as responsáveis por seus insucessos. Como encontram outros com esse mesmo discurso, sentem-se moralmente avalizados pelo descontentamento coletivo por meio de uma espécie de sentimento de pureza moral distante dos instintos pecaminosos do egoísmo daqueles que acreditam e lutam pela conquista de seus sonhos individuais. Mas ele não. Ele agora é um ser especial que luta por algo comum em favor dos fracos e oprimidos, sendo diariamente alimentado pelo lema:

"SE EU NÃO BEBO,
NINGUÉM VAI BEBER."

A inveja é mestre em sua sutileza. Ao enxergar que outro lutou para ocupar uma posição mais privilegiada e conseguiu seu propósito, a inveja torna-se um sentimento insuportável dentro daquele que ficou de fora. A visão de um amigo no lugar mais alto do pódio não produz nele a vontade de aplaudir. Ao contrário, sua reação é de nutrir o ressentimento por meio de discursos moralistas, já que agora passou a estar engajado em causas muito mais nobres do que essa porcaria de sucesso.

No entanto, lá no fundo, é a inveja que já está dando as cartas. No fundo, ele gostaria mesmo é de estar no lugar do amigo aplaudido. Por isso, ele tenta de todas as maneiras se convencer de que sua vida é dedicada à luta por algo maior e coletivo. Porém, se tivesse uma única oportunidade, ainda que de forma fraudulenta, não hesitaria em querer experimentar esse momento de glória, porque na realidade, o que ele mais nega é o que mais deseja.

"Se eu não bebo, ninguém vai beber" é o lema dos invejosos, dos que não tiveram a dignidade de assumir seus erros a fim de corrigir a rota e lutar pelos seus projetos.

Lutar por seus sonhos não é pecado. Ao contrário, desejar crescer e lutar para conquistar um lugar de destaque é louvável. Nada disso é repugnante como os invejosos tentam disseminar por meio de suas ideologias impregnadas de inveja disfarçadas de causas benevolentes em favor dos injustiçados, mas que na verdade é apenas uma autodefesa para anestesiar-se da dor provocada por seus fracassos.

Não tenha peso na consciência para assumir que você vai trabalhar e se esforçar para se destacar da multidão, que você não deseja ser massa de manobra, que você cultiva a sua individualidade e identidade própria. E por causa dessa postura, não nasceu para passar em branco neste mundo que tanto quer padronizá-lo.

Não tenha peso na consciência para assumir que você quer ter sucesso, quer ganhar bem, quer prosperar, quer ter o melhor, a melhor casa, o melhor carro, a melhor carreira, o melhor reconhecimento, quer dar o melhor para sua família, quer o melhor projeto, a melhor satisfação pelo sentimento de dever cumprido.

Querer o melhor é louvável. Você não é igual a ninguém. Ninguém é igual a ninguém. Não somos iguais. Eu posso estar mais disposto do que você, e você pode se dedicar mais do que eu. Plantaremos diferentes sementes, logo colheremos diferentes frutos.

Não há nada mais justo do que isso.

Temos a liberdade de escolher nossas sementes. Porém, uma vez escolhidas, colheremos as consequência do resultado dessa escolha. Como podemos esperar resultados iguais se cada um faz escolhas diferentes?

COLHER O QUE SE PLANTA É UMA LEI DA NATUREZA QUE PRODUZ MAIS PURA JUSTIÇA SOCIAL.

Negar essa lei é, no fundo, uma tentativa de diminuir a frustração dos que são sistematicamente corroídos pela inveja. Em vez de se reerguerem de seus fracassos, preferem tentar anular a iniciativa dos outros. Em vez de assumirem seus erros, preferem fazer que você se sinta culpado por lutar por uma vida melhor. Em vez de aprenderem com quem chega no alto do pódio, preferem jogar tomates neles.

> Vida triste e sofrida.
> Vida de quem pensa assim:
> "Se eu não bebo, ninguém vai beber".

ONDE OS FRACOS NÃO TÊM VEZ

Sei que tem hora que bate um desânimo, e a única vontade é de sumir. Você não é o único que já sentiu isso. Isso acontece porque a vida é mesmo feita de momentos muito diferentes daqueles que planejamos: decepções, traições, erros, acidentes de percurso. Acontece com todos. Aconteceu, acontece e ainda vai acontecer algumas vezes comigo também. É desse jeito mesmo.

Apesar de comum, eu sei, é um "saco". Reconheço isso. Porém, é justamente nessas horas que o "campeonato" é decidido. Esses são os momentos em que muitos ficam na peneira e os que não são vencidos por suas emoções ganham posições.

Tente compreender a guerra que você está lutando e quem é o seu maior inimigo. Não são as adversidades e tampouco aqueles que provocaram essas adversidades que irão determinar seu futuro, e sim a forma como você reage a essas adversidades, sejam elas grandes ou pequenas. Você pode superá-las ou ficar pelo caminho. Tudo irá depender de como você lida com as suas emoções.

Nessa guerra, o campo de batalha é sua mente, seu maior aliado é você e o mais cruel de seus inimigos também é você.

SUCESSO & DERROTAS

NÃO DEIXE QUE NENHUM DELES SUBA À SUA CABEÇA.

HUMILDADE é a condição básica para o aprendizado que gera RESULTADOS. Sem essa combinação, nós não passaríamos de críticos de redes sociais, rebeldes sem causa, gurus de principiantes ou animadores de auditório.

A maneira mais fácil de escravizar alguém ou um grupo de pessoas é dizer somente o que ele quer ouvir, o que é mais conveniente para ele ouvir ou o que foi **catequizado a ouvir**.

Mentes livres estão sempre abertas ao confronto e estão prontas, se necessário, a **fazerem escolhas menos confortáveis** em favor de sua liberdade.

Você é escravo de tudo aquilo que não é capaz de abrir mão.

Sua família sempre vai querer a sua proteção. Por isso, **raramente vai apoiar a sua iniciativa de empreender**, já que esta sempre está associada a assumir riscos sem nenhuma garantia em troca.

Portanto, não perca tempo entristecendo-se com essa falta de apoio tão comum. A intenção deles é a melhor possível. Eles te amam. Agora, uma coisa é certa: **isso será um bom teste para ver se você quer mesmo o que diz que tanto quer.** Muitos já param por aí...

SE VOCÊ É DO TIPO QUE SE OFENDE, NÃO LEIA.

(Caso não siga a instrução acima, o choro é livre.)

Não são poucas as vezes que alguém me pergunta, onde quer que eu esteja, sobre quanto o modelo de sociedade que conhecemos arrebanha as grandes massas por meio do sistema de ensino a fim de preparar a população para ser empregada em empresas públicas ou privadas.

Na realidade, tudo está montado dessa maneira, e a maioria das pessoas segue esse fluxo sem fazer questionamentos. As pessoas preferem viver desse jeito, pois seus pais e avós assim também viveram. Por isso, quando se comparam às que não são presas a esse modelo de vida convencional, sentem-se com medo de ficar sem o alpiste e a água no copinho que consomem diariamente dentro de sua gaiola. Por terem se acostumado ao cativeiro, sentiriam-se brutalmente inseguros fora dele. A ideia de voar com suas próprias asas e de caçar sua própria comida os enchem de temor.

Compram esse produto, ou seja, esse estilo de vida, sem saber que têm alternativas. Por isso, acabam vivendo um nível de vida abaixo de seu potencial. E, pior, não se sentem mal por isso. Adaptaram-se tanto com a privação e a escassez que chegam a achar imoral toda e qualquer forma de abundância. Quando veem outros pássaros voando, ou com a pretensão de voar, consideram-nos doentes, loucos ou fora da realidade. O condicionamento dessas pessoas ao meio supera e nega o fato de serem pássaros, uma espécie que é anatomicamente preparada para voar e não para rastejar.

A noção de realidade dessas pessoas condicionadas se resume ao mundo que elas conhecem, apenas. Muitas vezes, ainda, são contaminadas por modismos, e não se intimidam com estatísticas desfavoráveis. Ao contrário, ainda que pudessem se libertar desse condicionamento, sentem-se mais atraídas a fazer parte de um seleto grupo de conformistas que vivem dentro de uma gaiola cheia de diplomas e títulos.

Se você leu até aqui e ainda não entendeu, vou ser mais claro. A escola e a faculdade, ou seja, todo esse sistema de ensino retrógrado está formatado para formar empregados. Adicione a tudo isso, ainda, o fator político de controle das massas que, dentro das instituições públicas, usam a prerrogativa do currículo controlado pelo Estado para doutrinar jovens com fins políticos, travestidos de causas sociais...

RESULTADO DESSE SHOW DE HORRORES:

Um amontoado de jovens disputando a tapa as vagas de emprego no mercado de trabalho, o que resulta em uma diminuição do valor dos salários. Ninguém ganha por sua importância, e sim por sua raridade. Um professor é muito importante, mas um Lionel Messi é mais raro. Por isso é disputado por muitos clubes e ganha muito mais em consequência desse leilão.

Fazer-se raro é sempre uma consequência de ter a coragem de sair voando de sua gaiola. Dentro dela você vale muito menos. Você será um a mais na multidão de escravos modernos que financiam seus apartamentos por trinta anos com os bancos do governo, usam cartão de crédito para fazer compras nos supermercados e ainda pagam impostos. Ao final da vida, enfrentam a triste fila do INSS pra receber a aposentadoria.

A propósito, você foi treinado para chamar essa porcaria de benefício, para achar que a CLT lhe fornece alguma segurança e para pagar contribuições sindicais àquele pessoal bacana controlado pelos partidos políticos.

Você foi treinado na ilusão de que a escola e os hospitais públicos são de graça. Foi treinado pra achar normal as mordomias dos donos da corte e, pior, foi treinado pra achar tudo isso muito legal, sem questionar. O máximo que você se permite é ir para o trabalho resmungando na segunda-feira ou depois de um feriado.

É alguma espécie de pecado ser empregado? Não, eu tenho milhares deles. É um enorme desperdício você não acreditar que tem alternativas e pautar sua vida pela lavagem cerebral feita pelo sistema. Goste você ou não, dormirei com minha consciência mais tranquila porque eu não guardei esse "segredo" só pra mim e meus filhos.

Aliás, muita gente me acha bem-sucedido. Avaliando em perspectiva, considerando de onde vim e aonde cheguei, OK, tudo caminhou bem até agora. No entanto, se me for dado o privilégio de viver por mais algumas décadas, gostaria de que os meus olhos ainda pudessem testemunhar algumas coisas:

Gostaria que meus filhos, assim como eu, nunca tivessem uma carteira de trabalho assinada; gostaria que eles nunca dependessem de governo e que voassem com as suas próprias asas, sem medo de serem limitados pelo sistema de ensino. Quanto a isso, eles já colocam a escola em seu devido lugar, atribuindo a ela pouca significância em sua educação.

Bem, se isso é o que desejo para os meus filhos, desejo o mesmo para vocês. Aliás, a cada dia, fico mais feliz ao ouvir histórias sobre suas conquistas.

Não aceite nada menos que o seu potencial pode lhe dar. Faça por merecer.

Não engula de graça tudo que essa sociedade medíocre tenta lhe empurrar goela abaixo.

Não permita ser doutrinado por ambiciosos lobos vestidos de cordeiro, seja nas redes sociais ou nos palanques da vida.

Viva o seu sonho, coloque-o em prática, ainda que tenha que lidar com os medíocres de plantão que acham que voar é para pássaros alienados que seguem modismos. Na realidade, modismo mesmo é seguir a boiada e viver de alpiste pelo resto da vida.

$$\frac{\text{SER} + \text{FAZER}}{\text{TER}}$$

OBA!
SEXTA-FEIRA CHEGOU,
FIM DE SEMANA
ESTÁ AÍ...

QUAL O TAMANHO DO SEU SENSO DE URGÊNCIA?

Em uma situação de urgência, você age de forma enérgica, atento a tudo que pode acontecer? Ou de forma passiva, como se nada mais pudesse ser feito?

Um exemplo:

Você está em seu apartamento no 10º andar. De repente, fica sabendo que o seu prédio está em chamas, você sente cheiro de fumaça e ouve as sirenes da equipe dos bombeiros chegando.

O que você faz?

1. Age como se nada estivesse acontecendo?

2. Ou age com um senso de urgência maior?

Se sua resposta for a segunda alternativa, ainda preciso lhe fazer outras perguntas:

2.a. Você busca se informar sobre a dimensão do incêndio?

2.b. Se for de grandes proporções, procura saber se é possível sair do apartamento?

2.c. Se a opção anterior não for possível, vai para a janela e demonstra precisar de socorro?

2.d. Se não há sinal de socorro e o fogo já invadiu o seu apartamento, você tentaria assumir um risco maior e tentaria descer para o andar logo abaixo pelo lado de fora?

2.e. Se isso também não fosse possível você tentaria saltar do décimo andar com alguma chance de sobrevivência ou morreria queimado?

Desculpe-me pelo exemplo trágico, mas não é possível falar sobre senso de urgência sem montar um cenário de necessidade extrema.

O problema é que muitos passam por adversidades extremas sem se darem conta disso, porque estão anestesiados em seu estado extremo de acomodação e autopiedade, assistindo ao seu próprio fim.

Um outro cenário:

Você precisa aumentar as vendas de sua empresa para arcar com os compromissos da companhia e compromissos pessoais. O tempo passa e o mercado não reage.

O meio do mês já passou e a demanda natural sequer se aproxima do mínimo necessário.

O que você faz?

1. Culpa a crise e já se prepara para não pagar o aluguel do mês corrente? Ou seja, vê indícios de incêndio, sente o cheiro da fumaça, mas continua assistindo à TV.

2. Em vez de tomar novas iniciativas para vender, liga para o sogro para pedir dinheiro emprestado.

3. Pega a lista de clientes e entra em contato com eles para lhes oferecer uma oportunidade de compra?

4. Caso sua lista de clientes não responda à altura, sai em busca de novos clientes em sua região e envolve toda sua equipe nessa tarefa?

Qual é o seu senso de urgência e qual é a sua tolerância ao fato de morrer queimado sem se mexer do sofá?

Se tiver que morrer, morra lutando.

Geralmente, quem luta até o final encontra uma saída.

Medíocres e acomodados entregam os pontos e serão expelidos do mercado.

Pense nisso.

CRIE NA CRISE

Não gosto de crise, mas se ela é inevitável, vou estudar maneiras de produzir e prosperar no meio dela.

Quando falta energia, mais velas são vendidas.

Quando falta água, mais água mineral é vendida.

Quando a gasolina está cara, mais carros elétricos são vendidos.

Quando o preço da energia elétrica sobe, mais painéis solares são vendidos.

Quando o desemprego aumenta, mais profissionais precisam investir em sua qualificação para aumentar sua empregabilidade.

Etc., etc., etc.
Como se defender da crise?

Não fique preso a nenhum paradigma. Esteja bem posicionado ou mude de posição para surfar na melhor onda.

Na crise, as cartas são redistribuídas, o dinheiro muda de mão e as chances de subir os degraus é ainda maior.

Como alguém já disse:

"Enquanto uns choram, outros vendem lenços."

Já teve a sensação de que existe um teto de concreto sobre sua cabeça a impedir seu crescimento, a menos que você o exploda?

Vou te contar um segredo:

No dia em que você explodir e subir para o próximo nível, vai sentir um grande alívio, mas logo vai perceber que haverá um novo teto que também precisará ser detonado. Na realidade, há vários tetos, cada um mais resistente que o anterior.

O melhor explosivo é o conhecimento. De novo, não estou me referindo àquele conhecimento que você aprende na escola. Estou falando de outro conhecimento, que é pragmático e que só a maturidade traz, que se soma ao que é possível aprender com quem já explodiu muitos tetos na vida.

Escrevo isso apenas para lembrar que pra crescer é preciso estar disposto a destruir esses tetos. Não é fácil, não é orgânico e natural. É explosão e destruição mesmo.

O que tem no andar de cima compensa.

ComproMETA-SE

Sem cumprir metas é impossível ter sucesso em qualquer área de atuação.

Cumprir uma meta não é uma atitude natural e orgânica. É sempre resultado de superação, determinação e foco.

A manga cai naturalmente da mangueira quando está madura. Já a mandioca, que é uma raiz, ainda precisa ser arrancada quando está madura.

Meta não é manga. Meta é mandioca.

Pessoas sem meta são como uma latinha de refrigerante à deriva no oceano. Não têm direção. São jogadas de um lado para o outro pelas ondas e pelo vento.

Pessoas sem metas vagam pela vida sem desafiar o seu potencial e sem descobrir do que são capazes.

Uma vida sem meta é sem graça, sem tempero e sem paixão.

Uma meta sem coragem é autossabotagem.

Uma meta procrastinada não dará em nada.

Uma meta sem ação é uma ilusão.

Sem cumprir metas é impossível ter sucesso em qualquer área de atuação.

QUANTAS VEZES O MUNDO MUDOU NA ÚLTIMA DÉCADA?

Está mudando neste momento e não vai parar de mudar.

As regras do jogo, os modelos de negócios, as relações de trabalho, assim como as relações entre consumidores e a tecnologia estão em constante transformação.

Como parte dessa mudança, todo o mundo envelheceu, ou seja, a máquina burocrática, o sistema de ensino e os velhos conceitos caíram em desuso sem que muitos sequer tenham percebido.

Estamos no meio dessa transição que promove uma imensa ruptura com o velho e impõe o novo sobre todos. É importante também compreender que este novo chegou repleto de novas oportunidades e possibilidades para todos. No entanto, não há alternativa para os que insistem em se apegar ao velho, a não ser mudar.

Goste-se ou não, a verdade é que o velho está morto e quem não o sepultar será enterrado junto com o defunto.

A dificuldade da atual geração diante dessa inevitável mudança do meio de vida tem gerado muita resistência. Mas a mudança é inevitável, e os resistentes não estarão preparados para a próxima década, que será marcada pela transição em todo o mundo.

Os que entenderem que estamos num caminho sem volta e aprenderem a jogar o novo jogo ocuparão as melhores posições no tabuleiro. Já as novas gerações, vão sentir o choque entre o novo e o velho, visto que nasceram no meio do novo; porém, muitos vão esbarrar com a resistência do velho dentro das salas de aula, que em muitos casos servirão como trincheiras da resistência. Um esforço inútil.

Sentados em sua carteira escolar, muitos serão assediados e catequizados na tentativa de mantê-los dentro do velho; porém, ao serem despejados no mercado de trabalho serão atropelados no mundo real pelo novo e, assim, chegarão à conclusão de que não foram preparados para essa nova forma de vida. Entre mortos e feridos, depois de vinte anos, o velho será lembrado apenas nos livros e museus, e o novo talvez já tenha ficado velho e já terá dado lugar a um "novo novo"...

O ciclo das mudanças é implacável, deixa para trás os que nutrem a ilusão da estabilidade. Aliás, estabilidade, segurança e seus derivados já foram sepultados com o velho. Quem tentar se apegar a esse defunto, acordará cedo ou tarde para a vida. Ou melhor, para uma nova forma de vida.

Nesse novo mundo, a capacidade de se reinventar é condição de sobrevivência. Isso vale para governos, empresas e pessoas. Estar aberto para novos conceitos, assim como se desapegar rapidamente dos antigos, será a habilidade dos bem-sucedidos nessa nova realidade. Tecnologia e capacidades humanas terão que caminhar juntas. *Nerds* com dificuldades em estabelecer relações humanas ficarão para trás. Comunicadores e especialistas em processos corporativos que são analfabetos digitais ocuparão um lugar especial na mediocridade. Países com leis rígidas feitas para tentar proteger os mais relutantes a essas mudanças, mesmo sem ser essa a intenção, vão acabar despejando-os ainda mais rapidamente na insignificância.

Não há lei que impeça a vontade de um novo mundo. Não há força maior do que a força da mudança. Quando a mudança chega, só há duas alternativas: mudar ou morrer.

"Não é o mais forte quem sobrevive, nem o mais inteligente, mas o que melhor se adapta às mudanças." (Charles Darwin)

Não tenha medo. Chegou sua hora de conquistar seu espaço nesse novo mundo. Essa é a oportunidade que você esperava.

Feliz 2018! Esse ano já começou com toda força.
Sim, é 2018 mesmo. 2017 já é um ano velho.

NÃO HÁ RAZÕES PARA VOCÊ ACEITAR UMA VIDA CONQUISTANDO MENOS DO QUE VOCÊ É CAPAZ. CLICHÊ OU NÃO, VOCÊ PODE MUITO MAIS.

NÃO DEIXE A VIDA TE LEVAR.

Uma locomotiva, por mais potente que seja, não será capaz de andar se não estiver em cima dos trilhos.

Está fora dos trilhos? Volte imediatamente sob pena de ficar estagnado.

Fora dos trilhos você é como um peixe fora d'água, um pássaro numa gaiola ou um baú cheio de diamantes no fundo do mar.

SEUS RESULTADOS FALAM MAIS ALTO DO QUE SEUS DISCURSOS

No começo, fale menos e faça mais. Depois do sucesso, pode falar um pouco mais, porém faça mais ainda.

Sonhar sempre faz a vida acontecer. É sinal que você está vivo e cheio de vida!

Venda o que as pessoas querem comprar. Se elas não quiserem, venda o motivo pelo qual as pessoas deveriam querer comprar. Não entendeu?

Explico-me:
Muitas vezes não basta vender o produto, mas sim o PROPÓSITO para alguém comprar o seu produto.

Por exemplo, não venda academia, venda saúde. Não venda curso de inglês, venda empregabilidade. Não venda cinema, venda entretenimento. Não venda simplesmente o produto, e sim o PORQUÊ do produto e todos os benefícios dele na vida do cliente.

Essa lógica deve se refletir em toda a comunicação institucional da sua empresa.

**Não basta vender o bife.
Venda o cheiro do bife.**
Com água na boca, fica mais fácil...

Se a vida te der limões, faça uma limonada (e venda).

Quanto mais sonho, menos durmo.

Quanto mais realizo, mais eu sonho.
Quanto mais sonho, mais eu realizo.
Muitas coisas podem separar um sonho da realidade.
A covardia é a principal delas.

Para construir projetos é preciso estar disposto a construir relacionamentos. Vale pra qualquer projeto, seja uma empresa, um casamento e até um projeto social.

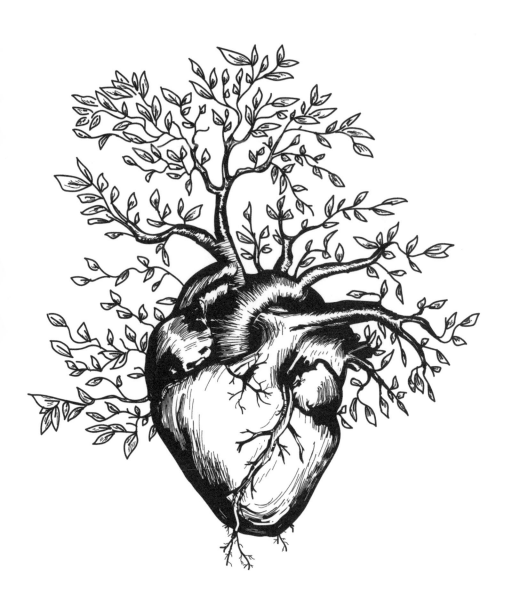

INSPIRE. 😍
TRANSPIRE. 😓
REALIZE. 👊

Trabalhe, conquiste e desfrute.
Tudo no seu tempo e tudo com a maior intensidade.
Depois, comece tudo de novo.
Afinal, você está vivo e precisa de mais desafios.
Hoje é dia de desfrutar a família.
Se não for possível, desfrute as boas memórias.
Daqui a pouco, um novo ano vai chegar.
Será a hora de colocar em prática os seus projetos.
Estaremos juntos!

QUEM FALA QUE VOCÊ NÃO VAI CONSEGUIR, NORMALMENTE TEM MEDO QUE VOCÊ CONSIGA.

Conquistar o sucesso naquilo que você planejou, é por si mesmo espetacular, mas quando consideramos os nossos propósitos mais profundos, todas as nossas conquistas passam a ter um valor ainda maior. No entanto, preciso confessar que ver o sorrisinho amarelo estampado na cara de todos os que duvidaram e torceram contra no começo também tem o seu valor...

Empresários que choram miséria não merecem ser seguidos. Fuja de empresas com líderes assim. Trabalhe em empresas que exalem prosperidade e que tenham líderes que o inspiram a dar o seu melhor.

Se os seus planos são maiores do que os planos da empresa em que você trabalha, você está no lugar errado!

Com QUEM você trabalha vale mais do que ONDE você trabalha.

O VENENO
E O ANTÍDOTO

Quando falta vontade, qualquer dificuldade se torna um empecilho. Se há alguma dificuldade que o impede, é porque o que você chamava de vontade não passava de um mero desejo.

Gosto desse jogo de palavras e, de maneira prática, solucionamos esse impasse com algumas hipóteses simples e práticas, por exemplo:

Pense em algo que você gostaria de ter realizado há pelo menos dois anos, mas por acreditar que havia alguma dificuldade não foi possível concretizar...
Pensou?

Pense agora na pessoa que você mais ama, seja sua mãe ou pai, filho, avó, marido, mulher... Pensou? Deu vontade de dar um beijo nela?

Imagine que nesses dois últimos anos, essa pessoa que você tanto ama esteve entre a vida e a morte porque ingeriu um veneno mortal. O único antídoto que poderia salvá-la seria ter realizado esse tal projeto que até agora não tinha saído do papel.

A pergunta fatal que nos revela muita coisa é:

Você teria realizado o projeto, salvando essa pessoa querida ou continuaria se convencendo que é muito difícil realizá-lo? Eu presumo que você já teria realizado e já estaria pensando no próximo.

O que teria mudado? Seu esforço, sua dedicação e determinação para encontrar a solução, saindo da passividade e da zona de conforto. Em outras palavras, você daria o seu jeito e teria outras prioridades. Poderia, em último caso até fracassar, mas lutaria até o último segundo, com certeza!

Nós não conhecemos em profundidade o nosso verdadeiro potencial, mas o limitamos porque vivemos numa sociedade medíocre que nivela por baixo. O exemplo hipotético apenas nos faz refletir sobre nós mesmos e sobre o quanto somos contaminados com referências baixas que nos foram apresentadas.

Não confunda vontade com mero desejo. O mundo está cheio de gente desejando e poucos com uma ardente vontade de mudar de vida.

COMO JÁ DIZIA O POETA REVOLUCIONÁRIO:

"Quem sabe faz a hora, não espera acontecer...". Qualquer coisa diferente do que diz essa famosa canção é vitimismo ou papo pra boi dormir.

Gente sem ambição não terá nada mais que uma vida ordinária. Quer uma vida extraordinária?

Comece com um apetite e dedicação extraordinários.

Amplie suas referências
viva o restante de sua vi
dentro de uma cai

AMBIÇÃO ≠ GANÂNCIA.

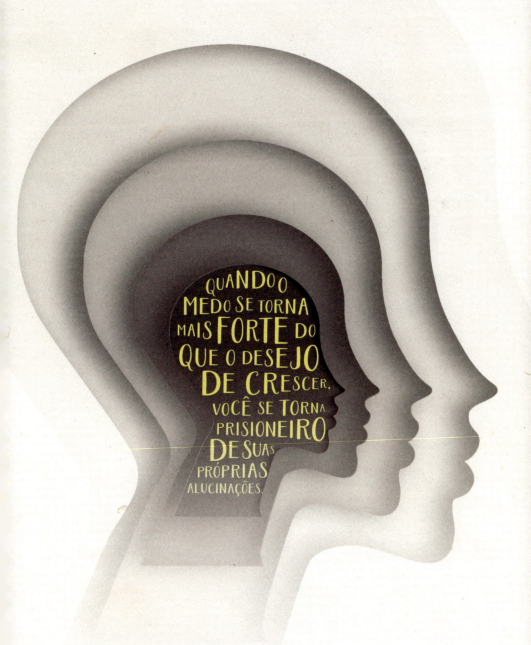

Nessa hora, tenha apenas uma coisa em mente: peça ajuda.

EU SOU O MAIOR SER DO PLANETA.

EXISTE MUITO MAIS ALÉM DO SEU MUNDO.

QUEM ESPERA NÃO DESCANSA

ESPERANÇA é o resultado de um conjunto de convicções relacionadas ao futuro que, juntas, têm um enorme poder de influenciar a maneira como você vive o presente.

Quando sua ESPERANÇA está em alta, até a maneira que você lida com os problemas cotidianos muda. Você os enxerga como provisórios, pois seus olhos estão voltados para as expectativas que estão lá no futuro.

Por outro lado, quando a ESPERANÇA está em baixa, até mesmo pequenos percalços passam a ser considerados insuportáveis. Os dias ficam cinzas, o humor azeda, as piadas perdem a graça e as dúvidas tomam quase todo o espaço.

Quer roubar a alegria de uma população? Roube sua esperança. Sem acreditar em seu futuro, sobram apenas o medo, a insegurança e o estresse. Aliás, esse é um clássico cenário em que o medo definitivamente venceu a esperança.

Como resgatar sua esperança no meio do caos? Exercite o futuro e planeje a maneira como você quer chegar lá, dividindo o seu plano de ação em tarefas diárias.

Criar projetos alimenta sua esperança. Sejam projetos pessoais como ter um filho, casa ou preparar para participar de uma maratona etc., sejam projetos profissionais que podem ocupar o seu tempo com o objetivo de conquistar um FUTURO melhor.

A ESPERANÇA **mora no futuro, mas seu poder traz toda cor para o seu presente.**
A ESPERANÇA RACIONAL **evita tanto ilusões quanto desilusões. Use com moderação.**
A ESPERANÇA **é um antidepressivo natural. Não saia de casa sem ela.**

PENSE FORA DO NINHO.

NUNCA É DEMAIS LEMBRAR

Todo sistema de ensino é muito direcionado ao "como fazer". Graças a isso, criamos uma legião de pessoas que desconhecem que são realmente capazes de criar diversas formas de "como fazer", e que o maior valor está, de fato, MUITO distante do tal "como fazer", e sim no "por que fazer?", no "pelo que fazer" e até no "temos mesmo que fazer?".

Quando eu nutro essa pretensão de estimular e despertar uma nova geração de questionadores, ao mesmo tempo eu abro uma janela para a descoberta de novos pensadores, criadores, inovadores, revolucionadores e não apenas fazedores, repetidores seguidores da boiada.

Por isso, não ocupo o pouco tempo que tenho disponível para produzir conteúdos com o tal "como fazer". Sei que, infelizmente, pelo fato de que muitos estejam condicionados pelo treinamento recebido na escola, poucos captarão a essência e o valor por trás das provocações que eu faço. Mas é em nome desses poucos, que persevero, na certeza de que eles façam o meu esforço diário valer muito a pena, e também na esperança de despertar alguns de seu sono profundo.

Faço questão de dizer com todas as letras que todos os resultados que conquistei em meus empreendimentos nas últimas duas décadas, tanto no Brasil quanto no exterior, saindo sempre do zero, e sem contar os resultados que ainda vou conquistar, não tiveram ou terão mais do que 0,0001% de créditos atribuídos a esse sistema de ensino medíocre do "como fazer".

Logo, não espere algo convencional no sentido de qualquer iniciativa que eu tenha de compartilhar conteúdos, tais como listas mastigadas de "como fazer" ou manuais de procedimentos. Espere conhecer novas referências e, acima de tudo, observe os meus resultados. Não apenas os resultados do passado, pois empreendedor não tem passado.

Avalie se aquilo que eu escrevo ou falo está sendo praticado em meus negócios e em meus resultados, pois de fala bonita a internet está cheia, mas contamos nos dedos os resultados vitoriosos de seus autores.

O MEDO

de perder sufoca o desejo de ganhar;

de ser vaiado esconde grandes talentos;

de ser rejeitado nos transforma em pessoas que não reconhecemos diante de um espelho;

de errar desperdiça grandes oportunidades;

do compromisso cria uma geração de Peter Pans;

do risco enterra potenciais empreendedores;

de ficar sozinho atrai oportunistas;

de ter medo já pode ser um sintoma de síndrome do pânico.

Enfrente os seus fantasmas com coragem ou então passe a vida sendo assombrado por eles.

CONTEXT

EXISTE SAÍDA

O DEDO TECLA O QUE O CORAÇÃO ESTÁ CHEIO

As entrelinhas do que você escreve expressam com precisão, para todo mundo ver, o que se passa nos porões mais secretos de seu íntimo.

Por exemplo, um íntimo cheio de amargura gera textos cheios de amargura. Se o íntimo está cheio de gratidão, os textos seguirão o mesmo caminho.

Logo, ao analisarmos a frequência dos discursos utilizados nos textos de uma determinada pessoa, descobrimos os segredos de seu autor que estavam guardados a sete chaves.

Outro exemplo: as empresas cada vez mais utilizam em seus processos seletivos os perfis das redes sociais para pesquisar sobre os seus candidatos. Ou seja, com essa prática, cada vez mais comum, o seu perfil passou a ser parte integrante de seu currículo.

Então, isso é bom ou ruim? Depende da utilização dessas informações ou do ponto de vista...

TROQUE

a preguiça pela disposição de mudar de vida;
as reclamações pela iniciativa;
o medo do risco pela paixão pela vitória;
a estabilidade pela ascensão profissional;
a teoria pela prática;
o convencional pelo inovador;
a boiada pelo seu próprio caminho.

RECICLE SUA MENTE.

O QUE ACONTECE QUANDO UM *desajustado* TEM SUCESSO?

O sistema convencional, por meio de uma linha de montagem padronizada, oferece a seguinte opção:

Onze anos na sala de aula entre o ensino fundamental e o ensino médio, cerca de quatro a cinco anos na Universidade, para em seguida procurar um emprego, comprar uma casa financiada por trinta anos, na qual você passará o restante da vida até se aposentar.

No entanto, alguém pode se realizar fora desse modelinho, ao optar por ser um atleta, artista plástico, músico, ator, modelo, cantor, sacerdote, político, filantropo, *blogger* ou empreendedor.

O que acontece quando alguém se atreve a querer sair dessa linha de montagem?

Se disser que quer ser músico, talvez ouça que é vagabundo. Se disser que quer ser modelo, talvez seja chamada de prostituta. Se disser que quer ser um empreendedor, talvez ouça que é um iludido etc.

Por que isso acontece?

Qualquer coisa que saia do padrãozinho convencional vai chocar as mentes uniformizadas e cristalizadas por décadas. Por exemplo, quando se trata da família do desajustado em questão, a intenção é boa e a preocupação está relacionada com uma possível frustração, já que as pessoas se sentem mais seguras dentro do fluxo padronizado das grandes massas.

Agora, o que acontece quando esses desajustados alcançam o sucesso? **Eles são chamados de gênios, visionários ou exceção à regra** – essa é uma forma de não dar o braço a torcer e, quem sabe, evitar que outros possam se "contaminar" com esse "mau exemplo" e acabar encorajando a outros com essa ousadia capitalista do "rebelde".

O tempo passa, o tempo voa, mas essa sociedade medíocre continua se comportando dessa forma, sendo seduzida por ideias relacionadas à segurança, estabilidade e privilégios do governo. **Apesar das enormes contradições e injustiças, ainda há muito espaço e oportunidades para os mais ousados se aventurarem em territórios inóspitos fora da caixa,** fora do padrão e fora da coreografia robótica que é ensinada nas universidades.

Talvez por isso, em vez de compreender que a aventura da vida não apresenta garantias, muitos criam artifícios imaginários nos quais podem apoiar suas inseguranças. Mas essa atitude é tão inútil quanto agarrar-se na cadeira do avião quando na realidade ele já está caindo.

"**LIBERDADE PARA SERMOS QUEM SOMOS, TRABALHARMOS PELO QUE DESEJAMOS E LUTARMOS PELO QUE ACREDITAMOS. ISSO É TUDO DE QUE PRECISAMOS.**"

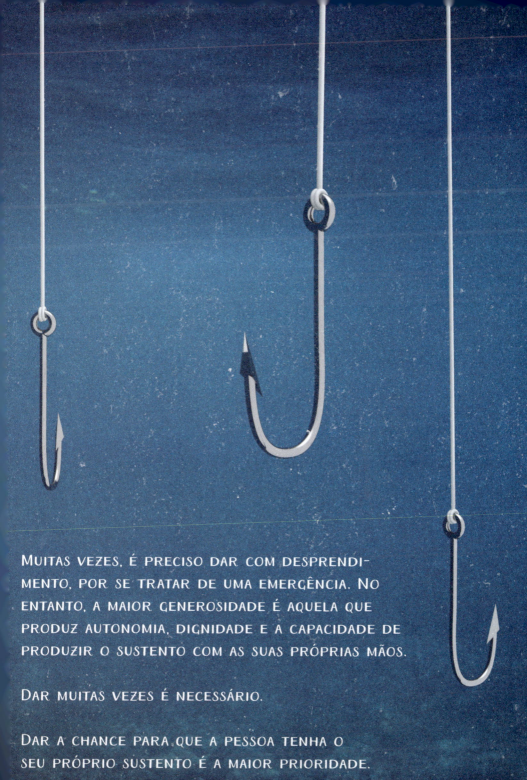

Muitas vezes, é preciso dar com desprendimento, por se tratar de uma emergência. No entanto, a maior generosidade é aquela que produz autonomia, dignidade e a capacidade de produzir o sustento com as suas próprias mãos.

Dar muitas vezes é necessário.

Dar a chance para que a pessoa tenha o seu próprio sustento é a maior prioridade.

DESFORME-SE

Abrir uma empresa no "oba oba" somente para não ter mais patrão, achando que assim terá mais *glamour* pode gerar prejuízos catastróficos.

Empreender é para quem quer ser o primeiro a chegar e o último a sair. É para quem está disposto a meter a mão na massa em vez de ficar no ar condicionado.

Empreender é para quem quer contrariar e subverter a ordem natural e convencional dessa sociedade medíocre que sonha em viver de privilégios, trabalhar pouco e ter estabilidade.

Graças aos empreendedores de tecnologia é que vivemos um novo mundo com a internet, temos acesso a máquinas modernas na palma da nossa mão, encurtamos as distâncias e mudamos para sempre o mundo que conhecíamos.

Esses homens e mulheres corajosos, ousados e que foram tachados de loucos ao abrirem suas empresas em garagens, ao abandonarem a universidade pelos seus sonhos, muitas vezes contra a vontade da família e quase sempre ao som de gargalhadas daqueles que não os pouparam de serem ridicularizados, são os que transformam todos os dias o mundo em que vivemos.

A esses homens e mulheres empreendedores, o nosso muito obrigado por não terem seguido o fluxo da boiada, por terem assumido riscos em busca de seus sonhos e por não terem cedido ao passo ensaiado das grandes massas em direção à mesmice.

Vocês recebem títulos de doutores *honoris causa* das faculdades que deixaram de lado, são reconhecidos por todos aqueles que os repudiaram e criaram empregos para todos eles.

O mundo precisa de mais pessoas que tenham a coragem de pensar fora da caixa. Sei que nesse grupo temos muitas pessoas que ainda vão dar muito o que falar. Esse texto também é em sua homenagem.

ESTABILIDADE

Quando entendemos que estabilidade não existe e constatamos que o risco é parte inevitável da vida, empreender passa a ser percebido como a melhor opção, já que proporciona a chance de uma maior recompensa. Por outro lado, o medo de perder sufoca o desejo de ganhar.

NEM FÁCIL, NEM IMPOSSÍVEL...

Mente quem diz que é fácil. Mas é cruel, medíocre ou manipulador quem diz que é impossível.

Afaste-se de ideias que tentam fazê-lo de vítima ou coitado. Por mais duro que possa parecer, agradeça àqueles que muitas vezes lhe dizem duras palavras ou lhe dão forças para você assumir o controle de seu destino com protagonismo.

Exerça a sua dignidade para não ser dependente de familiares e muito menos do governo. Não importa a sua origem, a sua capacidade é grande o suficiente para não trocar a sua preciosa liberdade por uma ração diária de subsistência.

Você é objeto de controle de tudo ou de quem você se torna dependente. Logo, quem tem verdadeira fome e sede de liberdade encontra forças para vencer esse sistema covarde, medíocre e travestido de benevolente.

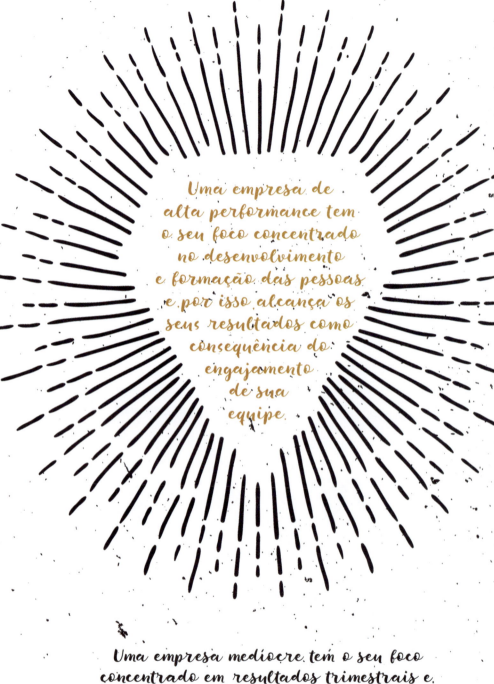

Uma empresa de alta performance tem o seu foco concentrado no desenvolvimento e formação das pessoas e, por isso, alcança os seus resultados como consequência do engajamento de sua equipe.

Uma empresa medíocre tem o seu foco concentrado em resultados trimestrais e, por consequência, consegue apenas montar uma equipe de mercenários que trabalham para manter os seus empregos.

AMIGO DE VERDADE DIZ A VERDADE

Amigos de verdade são aqueles que se propõem a correr qualquer risco de serem mal interpretados para lhe dizer, olhando em seus olhos, que você está errado, mesmo quando você parece obstinado por sua ideia e não está nem um pouquinho disposto a escutá-los.

Amigos falsos apoiam os seus desvios, ocultam os seus erros e são cúmplices de caminhos que o levarão ao fracasso.

Amigos de verdade são verdadeiros, não são políticos, trazem você de volta para a direção da vitória e contrariam suas vontades quando percebem que elas podem destruir o seu futuro.

Amigos de verdade são raros, mas eles valem ouro.

ADVANCED LEVEL

A maneira cartesiana de enxergar a vida é assim: nossas escolhas hoje determinam o nosso futuro. Ou seja, eu colho o que planto. Isso está corretíssimo, mas, em um nível mais elevado, é possível inverter essa ordem, desta forma:

A maneira como você enxerga o seu futuro influencia a forma que você vive o seu presente. Em outras palavras, nessa hipótese, o seu presente passa a ser uma espécie de cheque pré-datado de seu futuro. Ou seja, você passa a plantar coisas grandiosas porque antes vislumbrou, acreditou e tomou posse de um futuro grandioso.

Por isso, o verdadeiro líder não é aquele que simplesmente extrai o seu melhor resultado hoje, e sim aquele que consegue alimentar a sua esperança num futuro melhor.

Não há nada mais poderoso para influenciar a maneira como você vive sua vida agora: sua visão de futuro.

Tudo é uma questão de percepção.
Tudo é uma questão de liderança.
Poucos alcançam.

VOCÊ PODE TUDO.
MENOS DESISTIR.

A falta de conhecimento sobre o seu próprio potencial e a limitação imposta pela forma convencional de se enxergar o mundo faz com que muitos sintam-se impedidos de realizar grandes coisas, enquanto outros, saindo do ZERO, provam que é possível chegar mais longe.

PODERIA SER...
SÓ QUE NÃO.

O mundo poderia ser muito diferente, mas não é. Viva a realidade e não a possibilidade.

O mundo poderia ser mais justo, mas infelizmente não é. Então, saiba trabalhar e empreender honestamente para proporcionar o melhor para sua família em vez de ficar se lamentando.

O mundo poderia ser mais igualitário, mas não é. Nesse aspecto em particular, como ele poderia ser assim se somos todos diferentes e fazemos escolhas diferentes? Como poderia ser se alguns são consumistas aloprados, enquanto outros são bem mais cuidadosos com suas finanças e outros estudam bastante e investem em seu futuro? Logo, é bem razoável que alguns prosperem enquanto outros não saiam do lugar. Sendo assim, sempre haverá diferenças, fazendo justiça aos que fizeram as melhores escolhas e se dedicaram mais.

O mundo poderia ser mais solidário, mas infelizmente não é. Então, faça a sua parte, ajude os mais necessitados, compartilhe o seu conhecimento, doe dinheiro para projetos sérios e faça a diferença. O poder de sua iniciativa pode ser maior do que você imagina.

Então, não se deixe enganar e esteja disposto a construir o seu futuro com as suas próprias mãos em vez de ficar esperando que as soluções caiam do céu.

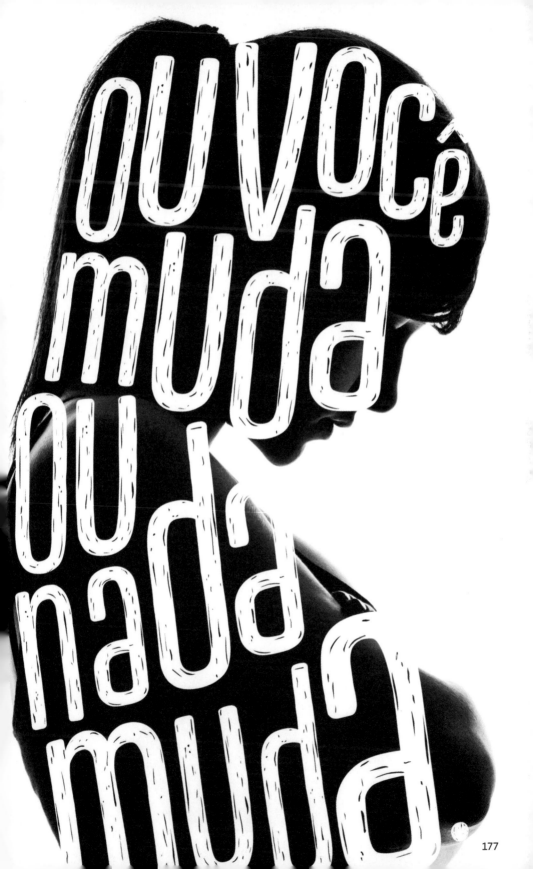

"Sempre existe uma forma diferente, mais eficiente e mais lucrativa de se fazer as mesmas coisas; aquelas que todo mundo insiste em fazer mecanicamente sem jamais questionar."

O nome dessa prática é inovação. Não se esqueça. Inovação não é invenção.

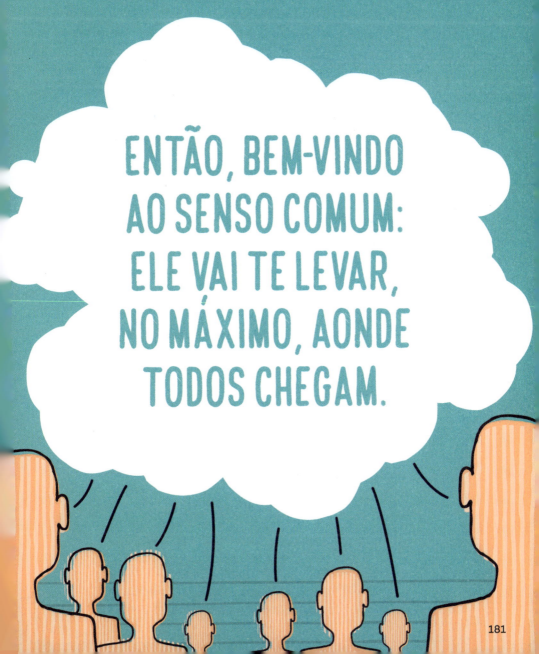

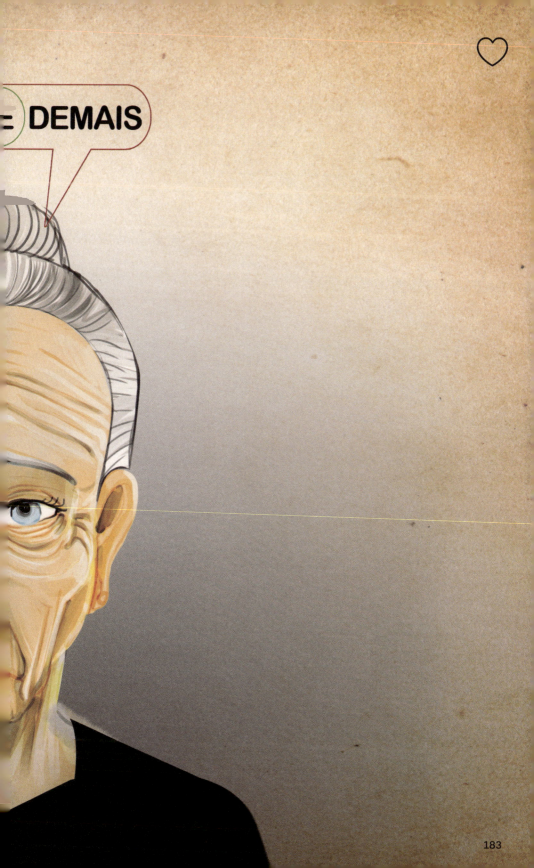

"NUNCA SERÁ na boa"

Para mudar de vida SEMPRE será necessário uma luta quase sangrenta para superar as adversidades. É guerra mesmo.

Eu gostaria que tudo fosse diferente, mas não é.

É mais fácil pra alguns ou mais difícil para outros? Talvez até seja. O fato é que, justo ou não, é o que temos para o momento. Então, o que você vai fazer, lamentar-se ou entrar na guerra?

Por isso, eu digo: empreender é a melhor arma. É por meio do empreendedorismo que se torna possível subverter a ordem natural das coisas, aquela que é imposta às grandes massas.

Pense com calma, identifique sua estratégia, não entre em atalhos alternativos ou desonestos, esteja disposto a trabalhar muito para cumprir suas metas e não tire o foco da decisão de mudar de vida.

Ao longo desse caminho você vai enfrentar os céticos, os que te chamarão de bobalhão por acreditar numa mudança de vida, encontrará pessoas frustradas que desistiram no meio do caminho, ou ainda irá ouvir histórias tristes.

Eu passei por cada uma dessas fases.
E garanto que vale a pena.
Seus filhos e netos agradecerão.

ANTES DE
CHEGAR
AQUI:

VAI TER
QUE PASSAR
MUITO
POR AQUI.

EMPREENDEDORISMO = GLAMOUR ZERO.

Galinhas em dias de tempestade.

Águias em dias de tempestade.
Escolha os professores certos!

Gestão de Recursos Humanos

Os integrantes de uma equipe podem ser classificados em pelo menos três grupos:

1. Os idealistas

Esses são os que alcançam a proposta da missão na íntegra e se motivam com ela. Eles têm a visão do seu papel de forma clara e sabem como servir aos interesses da equipe. Eles têm muito claro os seus interesses pessoais, mas estão completamente comprometidos com os interesses do grupo em PRIMEIRO lugar. Por isso, a visão deles será sempre mais agregadora, não medindo esforços para alcançar os resultados. Esse comprometimento não está associado a horários ou tarefas de sua função. Sua realização está no macro, no todo, e não nos holofotes. Com esse comportamento, os idealistas costumam obter os melhores resultados e, por isso, passam a ser um dos principais candidatos aos principais cargos da empresa, e os que merecem a maior confiança.

2. Os interesseiros úteis

Os interesseiros úteis, em muitos casos, são até competentes, mas estão sempre de olho no mercado e atentos a quem pode lhes pagar algumas moedas a mais. São movidos apenas pelos interesses próprios e, como correm sempre atrás do bônus, acabam sendo bastante úteis. Mas não são confiáveis, embora acreditem ser profissionais, não se envolvem em nada com profundidade. Por isso, a empresa não deve fazer planos a longo prazo com eles, e sim aproveitar o que eles podem produzir a curto prazo. Os interesseiros úteis costumam sempre ficar pulando de galho em galho.

3. Os desagregadores

Não têm competência para liderar e nem se permitem ser liderados. São os conhecidos incendiários do descontentamento. Na frente do chefe, os desagregadores têm um comportamento e, por trás, outro completamente diferente. Constantemente, criam intrigas e fofocas entre os colegas e estão sempre dispostos a criticar sem um caráter positivo do desenvolvimento do processo. Reclamar é a especialidade deles, encaram o trabalho como um mal necessário. Na realidade, eles odeiam trabalhar! Agem como se todos fossem otários. Quando são identificados, a empresa deve dispensá-los imediatamente, pois nada do que eles produzem compensará o quanto são capazes de desagregar. Esse perfil é cada vez mais comum. São pessoas tristes, sem perspectiva e sem futuro.

Liderar é saber lidar com todos os perfis de profissionais e despertar em cada um deles o desejo de mudar, de evoluir, de rever conceitos e, em muitos casos, direcioná-los de um grupo para outro mais eficiente. Mais do que garimpeiro, um líder pode ser um artesão, moldando um perfil aparentemente descartável num ser humano renovado e com novas perspectivas, graças à sua ação de liderança.

Mas cuidado: só é possível ajudar quem quer ser ajudado. Se ao tentar levantar alguém você perceber que ele puxa-o para o chão, solte-o imediatamente e siga o seu caminho com a consciência tranquila.

CHARGE SUGERIDA PELO GV JEFFERSON NOBRE.

SUAS CONQUISTAS NÃO DEPENDEM DA OPINIÃO DOS OUTROS.

Quem vive num ambiente em que precisa ser político para sobreviver, tendo que interpretar um personagem pra conseguir agradar, comete um atentado contra a sua própria identidade.

E quem perde sua identidade consegue até deixar as pessoas que o cercam satisfeitas, mas desagrada profundamente aquela pessoa que se olha no espelho todas as manhãs.

Não negocie sua identidade por nada.

QUAL A DIFERENÇA ENTRE MOTIVAÇÃO E ESTÍMULO?

Motivação vem de dentro. Os motivos que o levam a agir são de ordem pessoal. Motivação = motivo + ação. Ninguém é capaz de motivá-lo a não ser você mesmo, visto que esses motivos são particulares.

Estímulo vem de fora. Vários fatores podem estimulá-lo: um prêmio, uma ameaça, um desejo, um líder, uma empresa, uma estratégia, uma promoção, não ficar pra trás, conquistar *status*, não perder sua reputação etc. Basicamente, há dois tipos de estímulos, que podem assumir várias formas:

1. Ter prazer
2. Não sofrer

Observe que todos os exemplos de estímulos que relacionei acima se encaixam no "ter prazer" ou no "não sofrer".

Portanto, não delegue sua motivação a quem quer que seja. Ela é responsabilidade somente sua. Não a transfira para um livro, um palestrante ou qualquer desses gurus de redes sociais. Em vez disso, reflita com profundidade sobre o que te motiva. Ou melhor, qual é a lista de motivos que o fazem despertar pelas manhãs para conquistá-los durante o dia.

Somente esses motivos serão capazes de mantê-lo de pé na hora da crise e durante os vários momentos de dificuldade que passamos pela vida.

Quanto aos estímulos externos, eles têm muito menos importância e até podem eventualmente ser adotados como uma boa estratégia TEMPORÁRIA para ajudá-lo a levantar as nádegas da cadeira.

DIAS RUINS NÃO DURAM PARA SEMPRE

O SEU PAI PODE NÃO LHE DAR ATENÇÃO; SUA MÃE PODE PREFERIR O SEU IRMÃO; SEUS TIOS PODEM PENSAR QUE VOCÊ SEJA UM CASO PERDIDO; SEUS AMIGOS PODEM ACHAR QUE VOCÊ SEJA UM FRACASSADO OU O MUNDO INTEIRO PODE ESTAR VAIANDO VOCÊ NESTE EXATO MOMENTO.

VOCÊ É CAPAZ DE VIRAR O JOGO. EU ACREDITO. E SE VOCÊ TAMBÉM ACREDITA, UM DIA TODOS VÃO TER QUE APLAUDIR A SUA VITÓRIA.

AMANHÃ É SEU DIA.
VAI COM TUDO, CAMPEÃO!

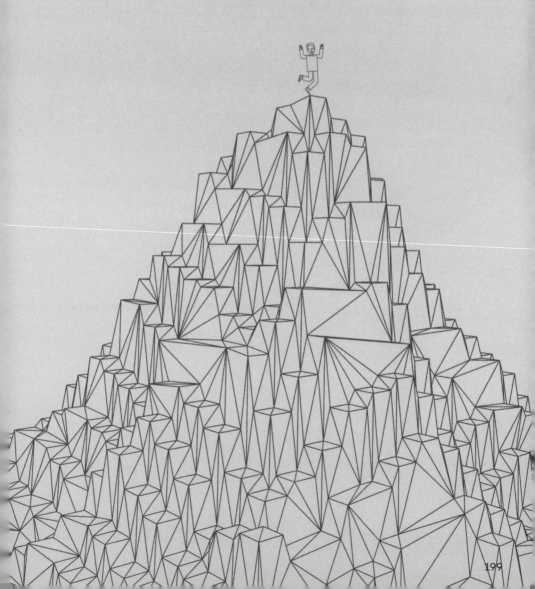

Quando a liderança de uma empresa permite que a percepção de futuro de seus funcionários e investidores fique nebulosa, o céu escurece e o ar fica rarefeito.

Pense nisso.

Seu humor influencia os seus resultados.

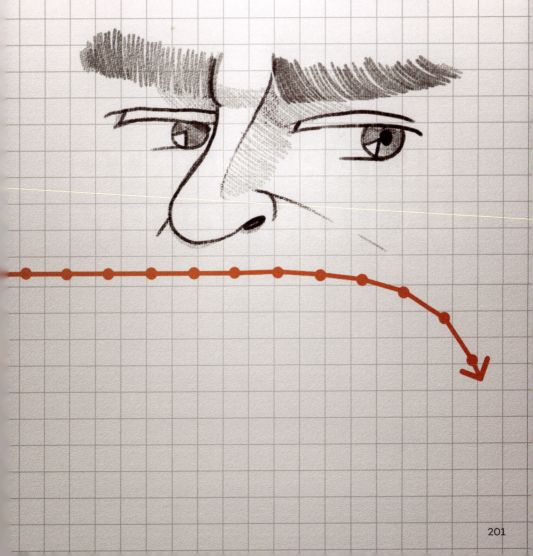

A HORA É AGORA.

ESTAR PRONTO, NA HORA CERTA, é tudo.

O primeiro produto que vendi na vida foi um relógio. E o que me levou a tomar essa iniciativa foi ter conhecido a Luciana. Na época, ela tinha apenas 15 anos de idade e eu, 18. Eu queria ter dinheiro para pagar o cinema e nossos passeios sem depender dos meus pais.

A sensação de escolher os fornecedores, na época do Paraguai, para em seguida vender e receber a minha margem de lucro, foi como ter declarado a minha independência. Dependia apenas de mim e de mais ninguém.

Isso para mim foi uma grande descoberta.

Vendi centenas de relógios e em seguida comecei a trabalhar na área comercial de uma escola de inglês. O restante da histórias você já conhece.

O mais importante que quero resssaltar são os motivos, citados acima, que me impulsionaram a sair de minha inércia.

E você, quais são os seus motivos?

No caminho que você está seguindo, vai alcançar os seus objetivos?

Se a resposta é não, o que está esperando para tomar uma atitude?

Se você é do tipo que se convenceu de que depende de um emprego, sinto muito. Talvez você precise descobrir que você vale muito mais do que as 44 horas semanais da CLT...

A CHAVE DA gaiola

Quando você decide desenvolver uma mentalidade vencedora para construir seus projetos, isso não significa que você decidiu ser egoísta ou alheio aos problemas que acontecem na sociedade.

Construir uma mentalidade vencedora significa estar decidido a construir os seus projetos em qualquer cenário. É não depender da boa vontade de políticos e tampouco ficar refém de fatores externos.

Não significa ser apolítico. Significa apenas que você decidiu não depositar mais os seus sonhos nas mãos de quem quer que seja, a não ser em suas próprias mãos.

Sim, amigos. Isso é possível.

Infelizmente, as grandes massas não são treinadas para ter esse estilo de vida. São condicionadas a depender do sistema, permanecer subjugada e sentirem-se vítimas em vez de autores de seu próprio destino.

Eu gostaria que o Brasil se tornasse, da noite para o dia, tudo o que sonhamos para ele. Mas se isso não acontecer? Você vai ficar na mão? Quantas promessas não cumpridas você já ouviu?

Aprenda a assumir o controle. Pare de depositar suas esperanças em políticos. Aprenda a viver como os que são donos do seu tempo e de seu destino.

Pra quem viveu a vida inteira dentro da gaiola, esse discurso parece utópico e até mesmo assustador. Mas como me dou por satisfeito que 0,001% compreenda e se liberte da forma como conheceram o mundo, escrevo sempre pensando na possibilidade de que algum louco tenha a iniciativa necessária para a mudança.

Se esse não é o seu caso, não se preocupe. Você pode fazer alguma crítica desmerecendo o texto, ou escrever algumas palavras politicamente corretas e sair "por cima". Enquanto isso, várias pessoas de todas as partes continuarão a sair do anonimato, deixarão de ser um a mais na multidão e mudarão o seu destino.

Assim é a vida. Sempre foi e sempre será, goste você ou não.

Que os bons princípios permaneçam até o fim.

QUER SABER E SER MAIS?

Se você deseja receber materiais exclusivos sobre esse livro, envie um email para geracaodevalor@buzzeditora.com.br.

Além de fazer parte da comunidade dos leitores GV, você terá exclusividade de acesso a alguns conteúdos.

INFORMAÇÕES SOBRE A BUZZ

facebook.com/buzzeditora

twitter.com/buzzeditora

instagram.com/buzzeditora

geracaodevalor@buzzeditora.com.br